제1회 안타까운 동물 자랑대회

감수 이마이즈미 다다아키 | 옮김 이선희 | 한국어판 감수 이정모
그림 시모마 아야에, 가와무라 후유미, 도쿠나가 아키코

위즈덤하우스

시작하는 말

지구에 사는 생물은 모두 몇 종류나 될까요? 사실 정답을 아는 사람은 아무도 없어요.

지금까지 발견된 생물은 약 400만 종, 매일매일 새로운 종이 발견되면서 그 수가 늘고 있어요. 우리가 발견하지 못한 생물까지 포함하면 지구에 사는 생물은 수억 종에 이른다고 해요. 그중에는 우리가 미처 생각지도 못한 엄청난 능력을 가진 생물도 있어요. 작은보호탑해파리는 나이를 먹어도 다시 젊어지는 능력이 있어서, 늙지도 않고 죽지도 않는대요. 여러분은 아직 잘 모르겠지만, 어른들이 엄청나게 부러워할 만한 능력일 거예요.

그런데 사정을 들여다보면 고개를 갸웃하게 되는 생물도 있어요. 진화하면서 점점 안타깝게 된 생물이 있거든요. 이 책

에서는 그런 생물들을 소개하려 해요. 함께 보면서 "우아, 재밌다!" 하며 웃음을 터뜨려도 좋고, "왜 그렇게 됐지?" 하며 궁금해하고 안타까워해도 좋아요. 이제부터 지구에 사는 생물에 대해 알아 가는 즐거움을 만끽해 볼까요?

이마이즈미 다다아키

차례

시작하는 말 ·············· 2

제1장 신기한 진화 이야기

진화는 무엇일까? ··············· 12
놀라운 진화의 역사 ··············· 14
참으로 험난한 진화의 길 ··············· 16
그렇다면 사람도 멸종할까? ··············· 18
위기는 진화의 기회! ··············· 20
지구에서 살아남는 비결 ··············· 22

제2장 안타까운 몸

타조의 뇌는 눈알보다 작아 ··············· 26
하마의 피부는 아주아주 연약해 ··············· 27
웜뱃의 똥은 네모반듯해 ··············· 28
반딧불이라고 모두 빛을 내진 않아 ··············· 29
땅늑대는 하이에나과인데 이빨이 듬성듬성해 ··············· 30
바이올린딱정벌레의 딱지날개는 오히려 거추장스러워 ··············· 31
오리너구리는 젖을 땀처럼 내보내 ··············· 32
방울벌레는 발로 소리를 들어 ··············· 33
북극곰의 하얀 털을 들추면 피부는 검은색이야 ··············· 34
가다랑어는 흥분하면 줄무늬 방향이 바뀌어 ··············· 36
오랑우탄의 전투력은 얼굴에 드러나 ··············· 37
공작의 날개는 너무 길어서 방해만 돼 ··············· 38
멋진 큰턱을 가진 사슴벌레는 살기 힘들어 ··············· 39

뱀장어의 몸이 까만 건 햇볕에 탔기 때문이야 …………… 40

전기뱀장어는 목에 항문이 있어 …………… 41

관박쥐의 코는 희한하게 생겼어 …………… 42

흰제비불나방의 프러포즈는 소름이 쫙! …………… 43

일본원숭이는 엉덩이가 빨갈수록 이성한테 인기 있어 …………… 44

땅돼지의 몸은 아주 단단하지만 머리는 아주 약해 …………… 46

악어가 입을 벌리는 힘은 할아버지의 손아귀 힘보다 약해 …………… 47

투아타라한테는 제3의 눈이 있지만 잘 보이진 않아 …………… 48

유리개구리는 내장이 훤히 다 보여 …………… 49

클리오네는 먹이를 먹을 때 머리가 벌어져 …………… 50

바비루사의 뿔처럼 보이는 것은 위턱의 송곳니 …………… 51

안경원숭이는 눈알이 너무 커서 굴릴 수 없어 …………… 52

물맴이의 눈은 위와 아래는 보이지만 앞은 보이지 않아 …………… 53

홍학의 몸이 붉은 건 먹이 때문이야 …………… 54

투구게의 뇌는 도넛처럼 생겼어 …………… 56

악어머리뿔매미의 머릿속은 텅 비었어 …………… 57

코뿔소의 뿔은 그저 단순한 사마귀야 …………… 58

일각돌고래의 뿔은 사실은 엄니야 …………… 59

큰머리거북은 머리가 너무 커서 등딱지 안에 못 들어가 …………… 60

큰개미핥기는 발톱이 너무 커서 제대로 걸을 수 없어 …………… 61

해파리는 입과 항문이 같아 …………… 62

불가사리는 입 밖으로 위를 꺼내서 밥을 먹어 …………… 63

세발가락나무늘보는 비가 계속 오면 굶어 죽어 …………… 64

어른 말벌은 애벌레한테서 먹이를 얻어 …………… 66

장수거북의 입안은 가시투성이야 …………… 67

말총벌의 산란관은 너무 길어서 방해만 돼 …………… 68

- 키다리게는 다리가 길어서 허물 벗다가 죽기도 해 ················ 69
- 큰회색머리아비는 다리가 있는데도 못 걸어 ················ 70
- 카카포는 너무 뚱뚱해져서 날 수 없어 ················ 71
- 남극하트지느러미오징어의 눈은 세상에서 가장 크지만 시력이 좋진 않아 ··· 72
- 코끼리는 나이를 먹으면 이빨이 닳아서 없어져 ················ 73
- 가재는 먹이에 따라 몸 색깔이 달라져 ················ 74

[진화 극장1] 코끼리의 코가 긴 이유 ················ 76

제3장 안타까운 삶

- 암컷 덤불개는 물구나무서서 오줌을 싸 ················ 80
- 새끼 캥거루는 입이 엄마 젖꼭지에서 떨어지지 않아 ················ 81
- 라쿤은 먹이를 씻는 게 아니야 ················ 82
- 땃쥐는 3시간만 굶어도 죽고 말아 ················ 83
- 황제펭귄은 두 달 동안 발등 위에 알을 품어 ················ 84
- 삼지느러미바다악마의 수컷은 암컷의 사마귀가 돼 ················ 85
- 해삼은 적의 습격을 받으면 내장을 토해 내 ················ 86
- 스컹크는 방귀 냄새가 지독할수록 인기가 많아 ················ 87
- 목도리도마뱀은 목도리를 펼쳐도 효과가 없으면 재빨리 두 발로 뛰어서 도망쳐 ··· 88
- 토끼는 항문에서 나온 자기 똥을 받아 먹어 ················ 90
- 개미귀신은 아무리 먹어도 똥을 싸지 않아 ················ 91
- 개개비는 속아서 새끼 뻐꾸기를 키워 ················ 92
- 말레이시아개미는 적을 쫓아내기 위해 자폭해 ················ 93
- 어떤 하루살이는 어른이 되고 겨우 2시간만 살아 ················ 94
- 아프리카알뱀은 새의 알만 먹어 ················ 95

북극땅다람쥐는 1년의 절반 이상은 잠을 자 ············· 96

멍게는 새끼 때 헤엄칠 수 있지만 어른이 되면 못 움직여 ············· 97

주머니쥐는 적의 습격을 받으면 죽은 척해 ············· 98

수컷 **춤파리**는 암컷에게 빈 상자를 선물하기도 해 ············· 100

암컷 **도롱이벌레**는 평생을 도롱이 안에서 살아 ············· 101

큰남생이잎벌레는 똥으로 적을 물리쳐 ············· 102

17년 매미는 부화할 해를 잘못 알면 외로워하다가 죽어 ············· 103

동갈치는 빛을 좋아해서 밤이 되면 배로 뛰어들어 ············· 104

곰개미는 다른 개미의 노예가 되기 일쑤야 ············· 105

딱따구리는 머리에 차가 부딪히는 정도의 충격을 받아 ············· 106

고릴라는 섬세해서 스트레스 때문에 설사를 해 ············· 107

군함조는 다른 새에게서 먹이를 훔쳐야만 살아 ············· 108

소는 하루에 180리터의 침을 흘려 ············· 110

배추흰나비 애벌레는 밥을 먹다 천적의 습격을 받아 ············· 111

뿔소똥구리 어미와 새끼는 똥을 먹어 ············· 112

수컷 **물장군**은 알을 지키고 암컷은 알을 죽이려 해 ············· 113

티베트원숭이는 새끼가 어른의 싸움을 화해시켜 ············· 114

돌고래는 잠들면 물에 빠져 ············· 115

수컷 **사마귀**는 암컷에게 잡아먹히곤 해 ············· 116

벌새는 꿀을 계속 먹지 않으면 굶어 죽어 ············· 117

코알라는 먹이에 들어 있는 맹독 때문에 하루 종일 잠을 자 ············· 118

사막메뚜기는 친구끼리 서로 잡아먹어 ············· 120

해로새우는 평생 우리 안에서 살아 ············· 121

왕개미는 진딧물의 오줌을 아주 좋아해 ············· 122

진딧물은 태어날 때부터 뱃속에 새끼가 있어 ············· 123

맥은 엉덩이를 물에 담그지 않으면 똥을 쌀 수 없어 ············· 124

- 다랑어는 24시간 내내 헤엄치지 않으면 질식해 …………… 125
- 해달은 계속 먹지 않으면 얼어 죽어 …………… 126
- 대머리앵무는 반질반질 대머리야 …………… 127
- 판다가 하루 종일 먹는 조릿대에는 영양분이 거의 없어 …………… 128

[진화 극장 2] 물고기를 너무너무 좋아한 바다표범 …………… 130

제4장 안타까운 능력

- 솔레노돈의 독은 별로 의미 없어 …………… 134
- 거북개구리는 물에 들어가면 가라앉아 …………… 135
- 무당벌레는 새가 토해 낼 만큼 맛없어 …………… 136
- 코모도왕도마뱀의 입안은 아주 더러워 …………… 137
- 카멜레온의 색깔이 바뀌는 건 기분 탓이야 …………… 138
- 참갑오징어는 선명한 색깔을 구분 못 해 …………… 139
- 얼룩다람쥐의 꼬리는 쉽게 끊어지지만 재생되지는 않아 …………… 140
- 고독한 늑대는 약한 존재야 …………… 142
- 겨울잠쥐는 동면 중에 잠에서 깨면 목숨을 잃어 …………… 143
- 꿀단지개미는 꿀을 모으지만 자기는 못 먹어 …………… 144
- 대왕고래는 범고래가 공격하면 못 이겨 …………… 145
- 두건물범은 코에서 풍선을 부풀려 …………… 146
- 남극빙어는 수온이 3도보다 높아지면 죽어 …………… 147
- 꿀벌은 꿀을 입에서 입으로 옮겨 …………… 148
- 침팬지가 말을 못하는 건 목의 구조 때문이야 …………… 149
- 개복치의 99.99퍼센트는 어른이 되지 못해 …………… 150
- 전갈은 자외선을 쪼이면 빛나지만 의미는 없어 …………… 152

- 날다람쥐는 나무에서 내려오기가 너무 힘들어 ……………… 153
- 두더지가 굴 파는 속도는 달팽이가 나아가는 속도와 비슷해 ……………… 154
- 물벼룩은 위기에 빠지면 머리에 뿔을 만들지만 별 효과는 없어 ……………… 155
- 노린재는 자기 냄새를 맡고 기절해 ……………… 156
- 거미는 몸을 운에 맡긴 채 하늘을 날아 ……………… 157
- 사막뿔도마뱀은 위기에 처하면 눈에서 피를 내뿜어 ……………… 158
- 점박이정원장어의 싸움은 시시해 ……………… 160
- 곰벌레는 극한으로 건조한 건 못 견뎌 ……………… 161
- 해마의 최고 시속은 고작 1.5미터야 ……………… 162
- 벌거숭이뻐드렁니쥐는 여왕의 오줌을 맞으면 새끼를 낳을 수 없어 ……………… 163
- 작은개미핥기의 위협은 하나도 무섭지 않아 ……………… 164
- 숨이고기의 은신처는 해삼의 항문이야 ……………… 165
- 파리는 발바닥으로 맛을 느껴 ……………… 166
- 벼룩의 특기는 점프지만 일어설 수는 없어 ……………… 167
- 치타는 스피드에 집중해서 육식 동물인데도 약해 ……………… 168

진화 극장 3 박쥐가 캄캄한 밤에 날아다니는 이유 ……………… 170

찾아보기 ……………… 172

휘리릭 극장

산책하는 개미에게 다가가는 건? ……………… 24~74
어라? 도롱이벌레가 매달려 있어. ……………… 78~128
참갑오징어의 몸에는 비밀이 있어. ……………… 132~168

제1장

신기한 진화 이야기

세상에는 왜 안타까운 생물이 있는 걸까요?
그건 바로 진화 때문이에요.

진화는 무엇일까?

여러분이 지금 이 책을 읽고 있는 건
사실 굉장한 일이에요.
책을 읽을 때 우리는 아주 자연스럽게
수많은 '능력'을 사용하고 있지요.
이 능력이야말로 인류가 400만 년에 이르는
진화를 거치면서 얻은 결과랍니다.
진화는 오랜 시간에 걸쳐
몸의 구조나 능력이 바뀌는 걸 말해요.
오른쪽 기린의 경우를 살펴볼까요?

첫 번째 능력
눈
작은 글자의 모양을 구별한다.

두 번째 능력
뇌
읽은 내용을 이해한다.

세 번째 능력
손
얇은 종이를 한 장씩 넘긴다.

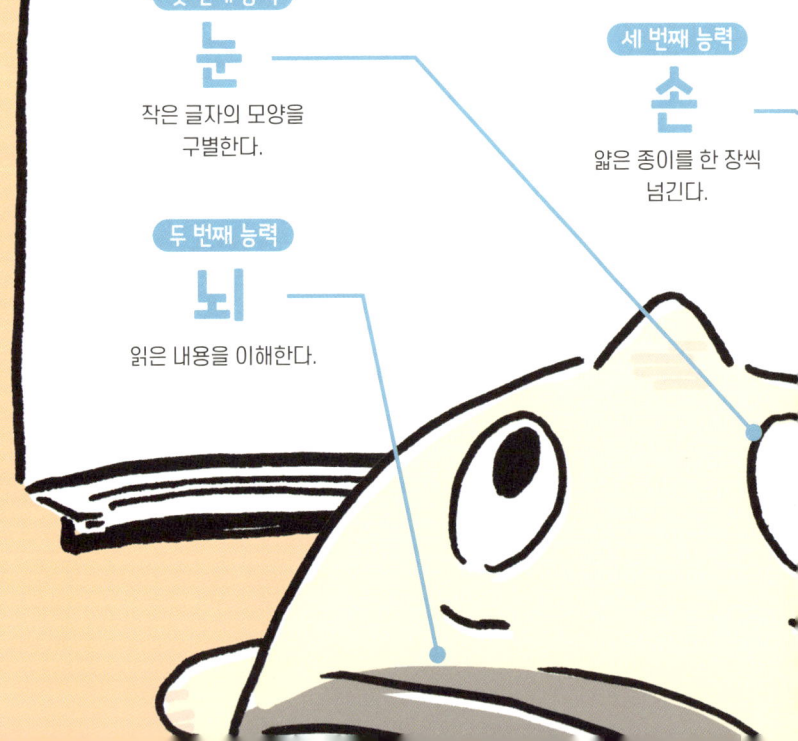

이것이 바로 진화! 기린의 경우

다리가 길어서 빨라지다

기린의 조상 중에 우연히 다리가 긴 기린이 태어났다. 이 기린은 긴 다리 덕분에 육식 동물로부터 재빠르게 도망칠 수 있었다.

물을 마실 때는 위험해지다

다리가 긴 기린이 점점 늘어났는데, 이들은 물을 마실 때 다리를 굽혀 앉아야 해서 육식 동물에게 습격당하기 쉬웠다.

목이 긴 기린이 유리해지다

그 후 우연히 목이 긴 기린이 태어났다. 이 기린은 일어선 채로 물을 마실 수 있어서, 위험이 닥치면 곧바로 달려 나갈 수 있었다.

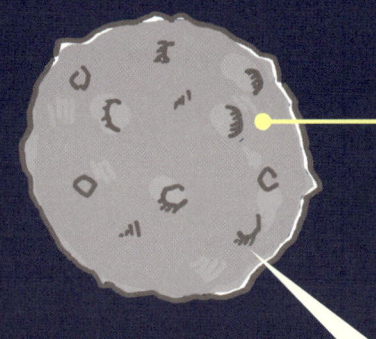

약 46억 년 전
지구 탄생. 행성이 부딪치면서 지구는 온통 마그마로 뒤덮인다. 그 후 비가 많이 내려서 바다가 생긴다.

약 40억 년 전
바닷속에서 최초의 생명 탄생! 이때 태어난 것은 '세포(생물체를 이루는 가장 기본 단위)'가 하나밖에 없는 단순한 구조의 생물이다.

내가 첫 생명이니라!

약 20억 년 전
많은 세포가 모여서 만들어진 '다세포 생물'이라는 복잡한 생물이 태어난다.

놀라운 진화의 역사

개와 송사리, 바퀴벌레, 사람……. 지구에 사는 생물들은 생김새나 사는 모습이 아주 다양해요. 그런데 모든 생명의 시작은 약 40억 년 전에 태어난 '세포'랍니다. 어떤 계기로 우연히 태어났는지, 어디에서 어떻게 왔는지는 아직 밝혀지지 않았어요. 하지만 분명한 건 이 세포가 변화하는 지구 환경에 맞춰 여러 방식으로 진화하면서 수많은 생물들이 등장했다는 거지요.

약 27억 년 전
광합성을 하는 식물 같은 생물이 바닷속에서 태어나 산소를 많이 내보내기 시작한다.

남세균

약 26억 5천만 년~약 24억 년 전
지구 전체가 꽁꽁 얼어붙어서 생물이 거의 멸종한다. 화산처럼 따뜻한 곳에서 적은 수의 생물이 살아남는다.

아노말로카리스

그리파니아

약 5억 4천만 년 전
몸의 구조가 더욱 복잡한 생물이 태어난다.

엔도케라스

약 2억 5천만 년 전
드디어 공룡 등장!

의외로 최근에 있었던 일이거든!

티라노사우루스

스테고사우루스

파라미스

약 400만 년 전
사람의 조상이 태어난다.

브론토테륨

노타르크투스

오스트랄로피테쿠스

15

참으로 험난한 진화의 길

지금까지 지구에 나타났다가 사라진 생물은 얼마나 될까요?
놀랍게도 99.9퍼센트나 된답니다!
한 종류의 생물이 전부 사라져서 한 마리도 없는 것을 '멸종'이라고 해요.
기껏 힘들게 진화했는데 왜 멸종한 걸까요?
여기 세 가지 경우를 소개할게요.

멸종

디아트리마는 덩치도 크고 강했다. 그런데 나중에 등장한 포유류가 디아트리마의 알을 모조리 먹는 바람에, 새끼를 많이 남기지 못해서 멸종했다.

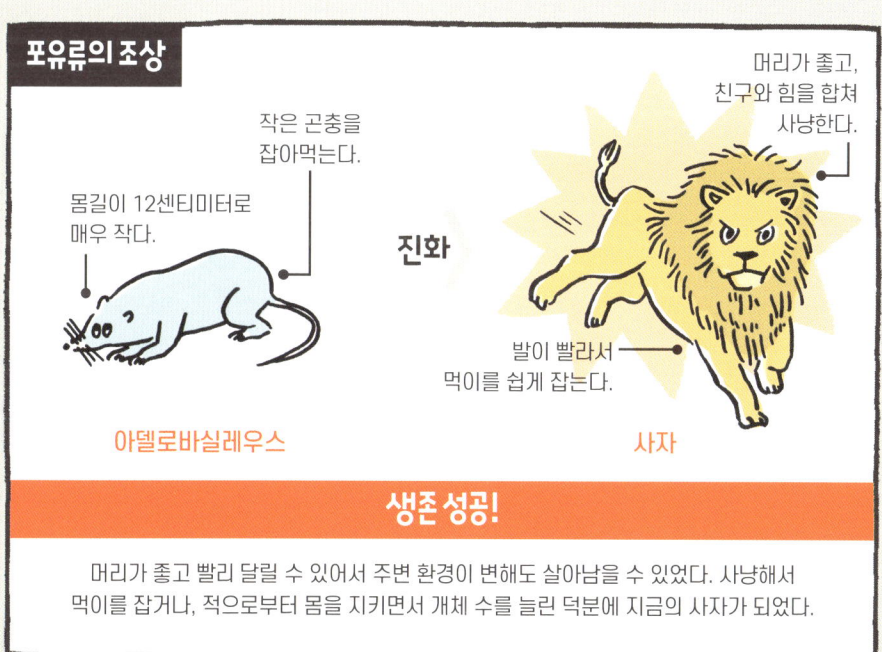

생존 성공!

머리가 좋고 빨리 달릴 수 있어서 주변 환경이 변해도 살아남을 수 있었다. 사냥해서 먹이를 잡거나, 적으로부터 몸을 지키면서 개체 수를 늘린 덕분에 지금의 사자가 되었다.

몸의 구조나 능력이 진화해도 환경이 바뀌면 멸종하기도 한다!

그렇다면 사람도 멸종할까?

환경이 바뀌면 어떤 생물이라도 멸종할 수 있어요.
그렇다면 사람도 멸종할 가능성이 있을까요?
물론 사람이 대응할 수 없을 만큼 환경이 변하면 충분히 그럴 수 있답니다.
그렇게 되지 않으려면 어떻게 해야 할까요?
우선 지구의 환경을 해치지 말고 소중히 지켜야 해요.
그러면 사람이 멸종하는 일은 없을 거예요.

만약 지구가 물에 잠기면…….

사람은 물고기처럼 물속에서 숨을 쉴 수 없으니 멸종할 거야.

만약 지구가 무지무지 더워지면…….

사람의 머리는 매우 똑똑한 대신에 열에 약해. 체온을 조절하지 못해서 머리가 뜨거워지면 아마 멸종할 거야.

다시 돌이킬 수 없는 진화

사람도 물고기처럼 물속에서 숨을 쉬거나 파충류처럼 기온에 맞춰 체온을 바꾸는 능력이 생기면, 환경이 어떻게 변해도 살아남을 수 있다고 믿나요? 하지만 그건 착각이에요. 진화의 길은 다시 되돌아갈 수 없는 일방통행과 같아요. 사람은 물고기나 파충류의 조상으로부터 진화했기 때문에 다시 옛날로 돌아가 그 능력을 얻을 순 없답니다.

위기는 진화의 기회!

환경이 많이 변하고
목숨이 위태로울 만큼 큰 위기가
닥칠 때, 어떤 생물은 '우연히'
진화해서 이를 극복할 수도 있어요.
실제로 있었던 어느 나방의
이야기를 살펴볼까요?

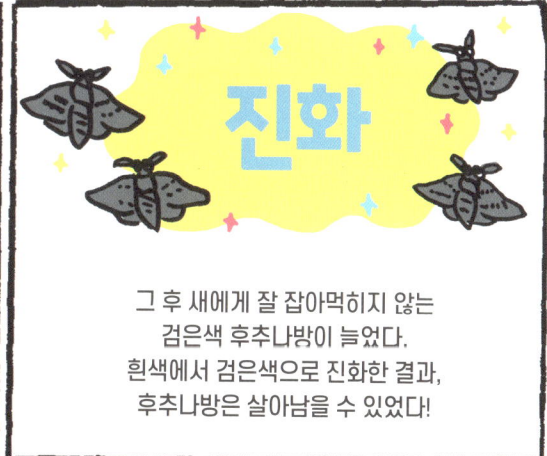

지구에서
살아남는 비결

아주 먼 옛날, 지구의 제왕은 거대한 공룡이었어요.
하지만 여러분도 알다시피
지금은 지구에 공룡이 한 마리도 없어요.
갑자기 운석이 떨어지면서
지구가 추워졌기 때문이에요.
먹이가 없어진 공룡들은
배고픔과 추위를 견디지 못하고 멸종했어요.
이처럼 아무리 강한 동물이라도 갑자기 지구의 환경이 바뀌면
눈 깜짝할 사이에 멸망하기도 한답니다.
이게 바로 자연의 혹독한 규칙이지요.
지구가 언제 어떻게 바뀔지 아는 사람은
아무도 없기에, 진화에는 정답이 없어요.
살아남을 수 있을지 없을지는 오직 운에 달렸다고 할 수 있지요.

"저 생물은 몸이 왜 저렇게 불편하게 됐을까?"
"저 생물은 왜 저렇게 힘들게 살아갈까?"
"저 생물은 왜 쓸데없는 능력을 갖고 있을까?"
이 책에 나오는 생물들을 보면
하나같이 안타까운 마음이 들지도 몰라요.
그럴 땐 그들이 왜 안타까운 모습이 되었는지,
과연 어떤 행운 덕분에 살아남았는지
한번 상상해 볼까요?
그러면 생물들과의 만남이 훨씬 더 흥미로워질 거예요!

그런데……
과연 행운일까요?

휘리릭 극장

 산책하는 개미에게
다가가는 건?

제2장
안타까운 몸

"내가 왜 이런 모습이 됐지?"라고 중얼거릴 것 같은 생물들을 만나 보아요.

안타까운 정도 ★★★

타조의 뇌는 눈알보다 작아

> 뭐? 내 뇌가 그렇게 작다고?

타조는 세계에서 가장 키가 큰 새예요. 머리 높이 2.4미터, 몸무게 150킬로그램으로 몸의 모든 부분이 깜짝 놀랄 만큼 크지요. 알의 무게도 1.5킬로그램이나 된답니다. 심지어 알의 노른자는 세계에서 가장 큰 세포이기도 해요. 게다가 눈알 하나가 지름은 5센티미터, 무게는 60그램 정도여서, 우리가 먹는 달걀과 비슷해요.

그러면 머릿속에 있는 뇌도 엄청나게 클 것 같지요? 그런데 뇌는 겨우 40그램밖에 되지 않아요. 심지어 눈알보다도 작아요. 뇌가 작으니 머리가 나쁠 것 같다고요? 사실 머리가 좋은지 나쁜지는 뇌의 크기만으론 알 수 없어요. 그런데 실제로 타조는 기억력이 매우 나쁩니다.

프로필 — 조류

- **이름**: 타조
- **영어명**: Ostrich
- **서식지**: 아프리카 초원
- **크기**: 머리 높이 2.4m
- **특징**: 새 중에서 발이 가장 빨라서, 시속 60km가 넘는 속도로 달린다.

안타까운 정도 ★★

하마의 피부는 아주아주 연약해

난 피부 관리에 목숨 걸었지.

하마는 사나운 면이 있어요. 누군가 자기 영역을 침범하면 가차 없이 공격해 버려요. 아프리카에서는 해마다 500명에 가까운 사람이 하마의 습격을 받고 목숨을 잃는다고 해요. 심지어는 자기보다 큰 코끼리나 코뿔소에게도 싸움을 건대요. 그래서일까요? 모든 동물 가운데 하마가 제일 강하다는 '하마 최강설'까지 돈 적도 있지요.

그런 하마에게 의외의 면이 있어요. 갓난아기도 저리 가라 할 만큼 피부가 민감하다는 거예요. 햇빛을 쪼이기만 해도 피부가 갈라지고 화상을 입은 듯한 상태가 되지요. 그래서 하마는 해가 뜬 낮에 계속 강이나 늪에 들어가 있고, 밤에만 풀을 먹으러 밖으로 나온답니다.

프로필 포유류
- 이름 : 하마
- 영어명 : Hippopotamus
- 서식지 : 아프리카의 강과 늪
- 크기 : 몸길이 4m
- 특징 : 영역을 표시하기 위해 꼬리를 이용해 똥을 흩뿌린다.

27

안타까운 정도 ★★

웜뱃의 똥은 네모반듯해

똥은 내 자존심이야!

웜뱃이 싸우는 모습을 본 적 있나요? 웜뱃은 적의 습격을 받으면, 땅굴에 머리만 들이박은 채 엉덩이는 밖에 그대로 두어요. 머리만 감추고 엉덩이는 내놓은 상태가 되는 거예요. 실제로 웜뱃의 엉덩이 피부는 아주 단단해서 적에게 물려도 끄떡없답니다.

심지어 적의 머리를 자신의 엉덩이와 땅굴의 천장 사이에 끼워서 짓누르기도 하지요. 이 정도면 엉덩이가 방패이자 무기도 되는 셈이에요.

재미있는 사실은 웜뱃의 똥이 주사위처럼 생겼다는 거예요. 웜뱃은 똥을 싸서 영역을 표시하는데, 똥이 네모난 덕분에 데굴데굴 굴러다니지 않아요. 아마도 웜뱃은 엉덩이와 똥에 관해 자부심을 느낄지도 몰라요.

프로필  포유류
- 이름 : 웜뱃
- 영어명 : Wombat
- 서식지 : 호주의 초원과 숲
- 크기 : 몸길이 1m
- 특징 : 구멍 파기가 특기다.

안타까운 정도 ★★

반딧불이라고 모두 빛을 내진 않아

> 아, 옛날이여. 나도 빛나던 때가 있었는데······.

반딧불이 하면 캄캄한 밤에 물가에서 반짝반짝 아름답게 빛을 내는 장면이 떠오르나요? 이 빛은 적으로부터 자신을 보호하기 위한 방어 수단이기도 하고, 어둠 속에서 짝짓기할 상대를 찾는 프러포즈 신호이기도 해요.

한국에는 10종 가까이 되는 반딧불이가 살고 있어요. 그런데 꽃반딧불이 같은 어떤 반딧불이는 애벌레일 때만 빛나고, 어른벌레가 되면 잘 빛나지 않는대요. 그 까닭은 일부러 밤에 빛을 내며 다닐 필요 없이, 낮에 돌아다니며 짝짓기 상대를 찾을 수 있기 때문이에요.

그런데 낮에 반딧불이를 마주치면 깜짝 놀라서 뒷걸음칠지도 몰라요. 솔직히 말하면 검붉은 바퀴벌레처럼 생겼거든요.

프로필 곤충류

- **이름** : 반딧불이 > 꽃반딧불이
- **영어명** : Firefly > Lucidina kotbandia
- **서식지** : 한국과 일본의 숲
- **크기** : 몸길이 1cm
- **특징** : 어른벌레는 낮에 활동하고 밤에 쉰다.

안타까운 정도 ★★★

땅늑대는 하이에나과인데 이빨이 듬성듬성해

뭘 씹을 일이 없어.

땅늑대는 이름에 늑대가 들어가지만 하이에나과예요. 겉보기에는 날씬한 몸매에 동물의 고기와 뼈까지 잘 씹어 먹는 하이에나를 닮아 엄청 멋져 보여요. 땅늑대가 입을 꼭 다물고 있을 때까진 말이죠. 그런데 듬성듬성한 이빨을 보는 순간 환상이 깨져 버릴 거예요. 이빨이 다 썩었나 싶을 정도로 듬성듬성하거든요. 땅늑대의 주식은 흰개미예요. 흰개미는 워낙 작아서 씹을 필요 없이 기다란 혀로 핥기만 하면 되지요. 필요 없어진 이빨이 퇴화한 탓에, 성장하면서 우수수 빠져 버려요.

사자보다 훌륭한 사냥꾼이라는 점박이하이에나의 친구지만, 뼈처럼 단단한 음식을 나눠 먹는 일은 평생 없을 거예요.

프로필	포유류	
○ 이름 : 땅늑대	○ 크기 : 몸길이 70cm	
○ 영어명 : Aardwolf	○ 특징 : 하루에 흰개미를 약 25만 마리 먹는다.	
○ 서식지 : 아프리카 초원		

안타까운 정도 ⭐⭐

바이올린딱정벌레의 딱지날개는
오히려 거추장스러워

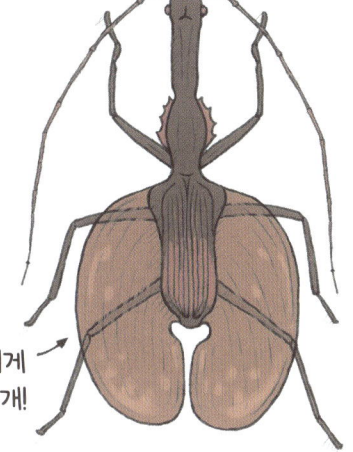

이게 딱지날개!

바이올린딱정벌레는 이름처럼 바이올린을 닮았어요. 앞날개 바깥쪽에 갈색의 딱지날개가 있거든요.

그런데 정작 딱지날개는 바이올린딱정벌레에게 아무런 도움이 되지 않아요. 이 곤충의 몸길이는 약 10센티미터, 두께는 고작 5밀리미터밖에 되지 않아서 나무 껍질 사이로 들어갈 수 있어요. 만약 딱지날개가 없으면 훨씬 쉽게 쑤욱 들어갈 수 있을 거예요. 또한 막상 날 때는 뒷날개를 사용하기 때문에 딱지날개는 아무 쓸모가 없어요. 몸을 낙엽과 비슷하게 보이게 하려고 딱지날개가 생겼다는 이야기도 있지만, 검은색으로 번들번들 빛나는 탓에 오히려 눈에 잘 띈답니다.

| 프로필 | 곤충류 | ○ 이름 : 바이올린딱정벌레
○ 영어명 : Violin beetle
○ 서식지 : 인도네시아와 말레이시아의 숲 | ○ 크기 : 몸길이 10cm
○ 특징 : 버섯 주변에 모이는 벌레를 잡아먹는다. |

안타까운 정도 ★★

오리너구리는 젖을 땀처럼 내보내

아이고, 허리야! 이 자세는 너무 힘들어.

오리너구리는 곤충이나 새처럼 알을 낳아요. 그런데 놀랍게도 개나 고양이와 같이 포유류에 속해서 젖을 먹여 새끼를 키우지요.

그런데 한 가지 문제점이 있어요. 젖을 먹이려면 젖꼭지가 있어야 하는데 오리너구리에게는 젖꼭지가 없다는 거예요! 그럼 어떻게 젖을 먹일까요?

오리너구리 어미의 배에는 젖이 나오는 구멍이 있어요. 그곳에서 하얀 젖이 땀처럼 새어 나와요. 오리너구리의 아기는 이 젖을 핥아 먹지요.

땀인지 젖인지 헷갈리지만, 원래 젖은 땀이 변해서 생긴 거니까 큰 차이는 없을 거예요.

프로필 포유류		
● 이름 : 오리너구리		● 크기 : 몸길이 40cm
● 영어명 : Platypus		● 특징 : 뒷다리에서 강력한 독을 만들 수 있다.
● 서식지 : 호주의 강과 호수		

안타까운 정도 ★★★

방울벌레는 발로 소리를 들어

방울벌레는 아름답고 맑은 노랫소리로 우리에게 가을이 왔음을 알려 줘요. 그런데 이 소리는 목에서 나는 게 아니라 날개 두 장을 빠르게 문질러 내는 거예요. 이 노랫소리는 수컷 방울벌레가 암컷에게 보내는 사랑의 세레나데예요. 이 세상에 자손을 남기기 위해 수컷이 죽을힘을 다해 암컷에게 프러포즈하는 거지요. 그런데 놀라운 사실은 암컷이 귀가 아니라, 앞발에 있는 '고막'으로 노래를 듣는다는 거예요. 방울벌레의 고막 구조는 매우 단순해서 복잡한 소리는 구별하지 못해요. 사람이 흉내 내는 방울벌레의 노랫소리에도 속아 넘어가는 수준이라지 뭐예요? 그렇다면 실제로 프러포즈를 받아들이는 건 노래 실력과는 관계없는 게 아닐까요?

| 프로필 | 곤충류 | ○ 이름 : 방울벌레
○ 영어명 : Asian bell cricket
○ 서식지 : 한국, 일본, 타이완의 풀밭 | ○ 크기 : 몸길이 2cm
○ 특징 : 날개로 소리를 내는 것은 수컷뿐이고, 암컷은 소리를 내지 않는다. |

안타까운 정도 ★★

북극곰의 하얀 털을 들추면 피부는 검은색이야

눈처럼 하얗게 보이는 북극곰은 속살도 뽀얄 것 같죠? 하지만 털 밑의 피부는 윤기가 없는 검은색이에요. 북극곰이 사는 북극은 너무나 추워서, 피부가 햇빛을 많이 흡수할 수 있도록 검어졌다고 해요.

털 색깔도 사실은 하얀색이 아니에요. 실제로는 유리처럼 투명한데, 빛을 반짝반짝 반사해서 하얗게 보이는 것뿐이지요. 털은 빨대처럼 안이 비어 있고, 거기에 따뜻한 공기를 모아서 추위로부터 몸을 보호한답니다.

털에 구멍이 있어서 먼지 같은 더러움도 잘 타요. 그래서 여름에는 몸에서 나온 때나 기름기 때문에 흰곰이 아니라 누런 곰이 되기도 하지요.

프로필	포유류	○ 이름 : 북극곰 ○ 영어명 : Polar bear ○ 서식지 : 북극 지역의 얼음 위	○ 크기 : 몸길이 2.5m ○ 특징 : 육상에서 가장 큰 육식 동물이다.

안타까운 정도 ★★

가다랑어는 흥분하면 줄무늬 방향이 바뀌어

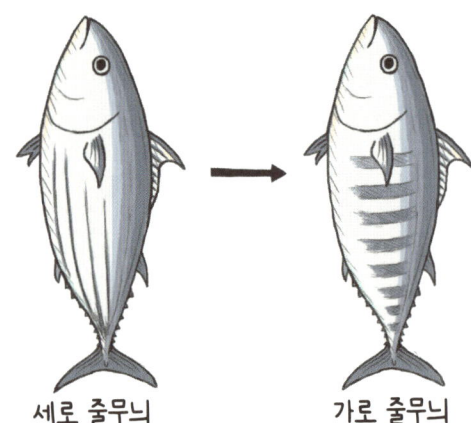

세로 줄무늬　　　가로 줄무늬

가다랑어는 고등어 종류에 속하는 생선이에요. 가다랑어를 자세히 보면 머리에서 꼬리 쪽으로 희미한 '세로 줄무늬'가 있어요.

그런데 먹이를 쫓아가거나 암컷을 따라가느라 가다랑어가 흥분하면 갑자기 줄무늬 방향이 바뀌어요. 세로 줄무늬가 등에서 배 쪽으로 향하는 두꺼운 '가로 줄무늬'로 바뀌는 거예요.

가다랑어의 마음이 안정되면 다시 세로 줄무늬로 돌아간답니다. 가다랑어가 죽으면 세로 줄무늬가 더 뚜렷해진다고 해요. 줄무늬의 방향이 왜 바뀌는지, 줄무늬가 왜 뚜렷해지는지, 정확한 이유는 아직 아무도 모른대요.

프로필	 어류	○ 이름 : 가다랑어 ○ 영어명 : Skipjack tuna ○ 서식지 : 열대에서 온대에 걸친 바다	○ 크기 : 몸길이 70cm ○ 특징 : 대형 상어나 고래를 따라 떼 지어 헤엄치는 습성이 있다.

안타까운 정도 ★★

오랑우탄의 전투력은 얼굴에 드러나

강하다 > 약하다

수컷 오랑우탄의 얼굴에는 가면처럼 보이는 불룩한 살덩이가 있어요. 이를 '플랜지'라고 해요. 플랜지가 있는 수컷은 굉장히 강해 보인답니다. 하지만 모든 수컷에게 플랜지가 있는 건 아니에요. 어른으로 성장하면 발달하기 시작하는데, 싸움에 이겨서 남성 호르몬이 나올 때 생기는 거예요. 즉, 플랜지는 싸움에서 이겼다는 증거지요.

오랑우탄이 매일 싸울까 봐 걱정된다고요? 걱정할 필요 없어요. 강한 오랑우탄끼리는 서로 피해서 살기 때문에 싸우는 일은 거의 없거든요. 하지만 별로 강하지도 않으면서 어쩌다 한 번 싸움에서 이긴 수컷은 힘들 거예요. 실력이 들통나지 않도록 항상 조마조마하면서 살아야 하니까요.

프로필  포유류
- 이름: 오랑우탄
- 영어명: Orangutan
- 서식지: 보르네오섬과 수마트라섬의 숲
- 크기: 몸길이 130cm
- 특징: 수컷은 턱 밑에 있는 주머니를 사용해 소리를 내서 영역을 주장한다.

안타까운 정도 ★★

공작의 날개는 너무 길어서 방해만 돼

황금 부채를 펼친 것처럼 화려한 날개를 가진 공작. 사실 길고 아름다운 날개를 가진 건 수컷뿐이에요. 암컷의 날개는 차분한 갈색에다 길지도 않거든요.
이처럼 동물 중에는 수컷이 더 아름다운 경우가 많은데 그 이유는 뭘까요? 그건 바로 멋있게 보여서 암컷의 마음을 사로잡기 위해서예요. 문제는 이것 말고는 날개가 아무런 도움이 되지 않는다는 거예요. 오히려 하늘을 나는 데에도, 여기저기 돌아다니는 데에도 방해만 될 뿐이지요. 더구나 날개를 활짝 펼치고 있을 때 바람이 세게 불기라도 하면 꽈당 넘어진답니다. 그야말로 꼴불견이 아닐 수 없어요. 암컷의 마음을 얻으려는 수컷 공작의 노력이 가상하지만, '끼익끼익' 하는 울음소리는 좀 깨네요.

프로필 조류
- 이름 : 공작 > 인도공작
- 영어명 : Peafowl > Indian peafowl
- 서식지 : 남아시아의 숲
- 크기 : 몸길이 2.2m (번식기의 수컷)
- 특징 : 수컷의 아름다운 날개는 번식기가 끝나면 모두 빠진다.

안타까운 정도 ★★★

멋진 큰턱을 가진 사슴벌레는 살기 힘들어

멋있다고 사는 게 편한 건 아니군.

사슴벌레의 큰턱은 길면 길수록 수컷끼리의 싸움에서 유리해요. 그래서 진화하며 점점 길어졌지요. 그런데 큰턱이 길면 불편한 게 한두 가지가 아니에요.

우선 나무 구멍에 머리를 집어넣을 수 없어서 수액을 잘 먹지 못해요. 하늘을 날기도 힘들어서, 암컷을 찾을 때 멀리 이동하기도 어렵지요. 심지어 큰턱이 긴 수컷끼리 싸우는 틈에 짝짓기할 암컷을 빼앗기는 일도 있어요. 큰턱이 짧고 재빨리 움직일 수 있는 수컷이 암컷을 가로채는 거예요. 이러면 싸움에 이겨도 아무 소용 없지요.

| 프로필 | 곤충류 | ○ 이름 : 사슴벌레 > 라코다이레이멋쟁이사슴벌레
○ 영어명 : Stag beetle > Lacordairei stag beetle
○ 서식지 : 수마트라섬의 숲 | ○ 크기 : 몸길이 6.6cm (수컷)
○ 특징 : 머리 부분에 역삼각형의 노란 문양이 있다. |

안타까운 정도 ★★

뱀장어의 몸이 까만 건 햇볕에 탔기 때문이야

어렸을 때

나도 왕년엔 피부가 하얬거든!

뱀장어의 고향은 세계에서 가장 깊은 바다인 마리아나 해구예요. 아주 깊은 바다에서 태어난 뱀장어의 몸은 원래 하얗고 투명해요. 그런데 점점 성장해서 강을 거슬러 오를 무렵이 되면 피부가 까매져요. 햇빛을 막기 위해서지요. 햇빛에는 자외선이라는 몸에 해로운 빛이 들어 있어요. 그래서 뱀장어는 햇빛이 닿는 얕은 강으로 올라오면 자외선이 몸속에 들어오지 못하도록 피부를 까맣게 만든답니다. 사람이 햇볕을 많이 쬐면 까맣게 타는 것과 똑같은 원리예요. 뱀장어는 우리가 불에 구워 먹기도 전에 이미 노릇노릇해진 거예요.

프로필  어류
- 이름 : 뱀장어
- 영어명 : Japanese eel
- 서식지 : 동아시아의 바다와 강
- 크기 : 몸길이 60cm
- 특징 : 비늘이 없고 몸의 표면이 미끈미끈하다.

안타까운 정도 ★★★

전기뱀장어는 목에 항문이 있어

뭘 봐? 지금 똥 누는 중인데.

생물 중에는 몸에서 전기를 내보내는 종이 있어요. 전기뱀장어는 그중에서도 가장 강력한 전기를 내보내서 주변 물고기를 기절시켜 잡아먹어요.
전기뱀장어 몸의 80퍼센트는 전기를 만드는 기관이에요. 그래서 전기뱀장어는 전기에 마비되지 않도록 몸의 표면이 두터운 지방으로 덮여 있어요. 또 생존에 필요한 위나 장 같은 기관은 전부 몸의 앞쪽에 모여 있어요. 생김새는 뱀장어와 비슷해 보이지만, 완전히 다른 물고기지요.
항문도 몸의 앞쪽에 있기 때문에, 똥 누는 모습을 보면 꼭 턱 밑에서 수염이 자라는 것처럼 보인답니다.

프로필	 어류	○ 이름 : 전기뱀장어 ○ 영어명 : Electric eel ○ 서식지 : 남아메리카 북부의 하천	○ 크기 : 몸길이 2.5m ○ 특징 : 뒤쪽으로도 헤엄칠 수 있다.

안타까운 정도 ⭐

관박쥐의 코는 희한하게 생겼어

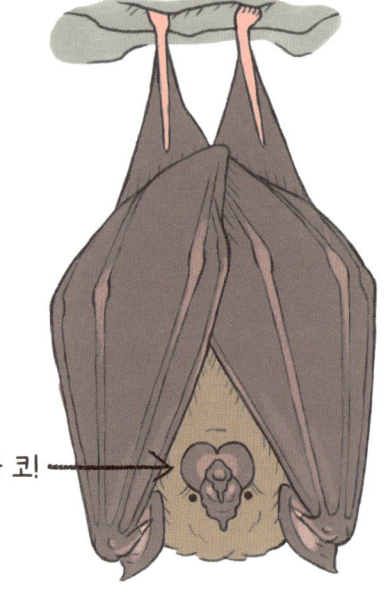

여기가 코!

박쥐는 사람의 귀에는 들리지 않는 초음파를 내보내요. 심심해서도 아니고, 다른 동물들에게 자랑하기 위해서도 아니에요. 초음파는 박쥐의 삶에 아주 중요한 역할을 하지요. 초음파가 사물에 부딪혀서 돌아오는 소리를 듣고 어디에 어떻게 생긴 물체가 있는지 캄캄한 어둠 속에서도 알아내거든요.

특히 관박쥐는 나무가 많은 숲에서 가느다란 나뭇가지 하나에도 부딪히지 않고 날 수 있어요. 꽃잎처럼 생긴 주름진 코에서 복잡한 초음파를 내보내고 다시 받을 수 있기 때문이에요. 납작한 코가 벽에 부딪힌 것처럼 보이지만, 그런 실수는 절대로 저지르지 않아요.

| 프로필 포유류 | ○ 이름 : 관박쥐
○ 영어명 : Greater horseshoe bat
○ 서식지 : 아프리카와 유라시아의 숲 | ○ 크기 : 몸길이 7.3cm
○ 특징 : 겨울에는 날개로 몸을 감고 겨울잠을 잔다. |

안타까운 정도 ⭐⭐

흰제비불나방의 프러포즈는 소름이 쫙!

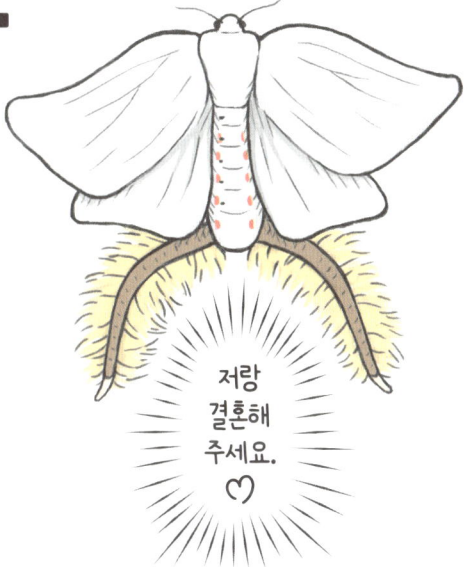

저랑 결혼해 주세요. ♡

대부분의 나방은 야행성이에요.
밤이 되면 짝짓기할 상대를 찾아서 날아다녀요.
그런데 아무것도 보이지 않는 어둠 속에서 짝짓기할 상대를 어떻게 찾을까요?
그때는 몸에서 페로몬이라는 냄새가 나는 물질을 내보내 자신의 존재를 알려요.
곤충은 대부분 수컷이 암컷한테서 나는 냄새를 맡아 상대를 찾아요. 하지만 흰제비불나방의 경우는 반대예요. 수컷이 '발향총'이라는 어마어마하게 큰 페로몬 방출 기관을 가지고 있어서 암컷을 유인한답니다.
흰제비불나방에게는 쓸모 있는 발향총이지만, 우리가 보기에는 외계인의 더듬이가 떠올라 소름 끼치기도 해요.

| 프로필 | 곤충류 | ○ 이름 : 흰제비불나방
○ 영어명 : Chionarctia nivea
○ 서식지 : 아시아의 풀밭 | ○ 크기 : 날개 편 가로 길이 3.2cm
○ 특징 : 애벌레는 여뀟과 식물인 수영이나 감제풀 등을 먹는다. |

안타까운 정도 ★★

일본원숭이는 엉덩이가 빨갈수록 이성한테 인기 있어

일본원숭이는 세계에서 가장 북쪽에 사는 원숭이예요. 그중 일부는 온천물에 몸을 담그는 것으로 알려져 있어요.

일본원숭이 하면 가장 먼저 떠오르는 건 새빨간 얼굴과 엉덩이! 하지만 사실 털 밑에 있는 피부는 옅은 핑크색이랍니다. 얼굴과 엉덩이가 빨갛게 보이는 건 피 색깔이 그대로 비치기 때문이에요. 피부 표면 아래로 모세 혈관이 빼곡히 자리 잡고 있거든요.

일본원숭이에게 빨간 피부는 피가 잘 순환되어 건강하다는 증거예요. 한마디로 '생명력이 강한 원숭이'라는 뜻이어서, 피부가 빨갈수록 이성한테 인기 만점이에요.

일본원숭이 세계에서는 얼굴이 잘생기거나 몸매가 좋을 필요도 없고, 얼굴과 엉덩이만 빨가면 인기를 독차지할 수 있답니다.

프로필  포유류
- 이름 : 일본원숭이
- 영어명 : Japanese macaque
- 서식지 : 일본의 숲
- 크기 : 몸길이 50cm
- 특징 : 전 세계에서 얼굴과 엉덩이가 가장 빨갛다.

안타까운 정도 ★★★

땅돼지의 몸은 아주 단단하지만 머리는 아주 약해

머리는 좀 봐주라.

땅돼지는 땅에 굴을 파서 살아요. 크고 단단한 발톱으로 흰개미의 굴을 무너뜨려 흰개미를 잡아먹지요.
몸이 단단한 걸로도 유명해요. 얼마나 단단한지 사자가 발톱으로 등을 할퀴어도, 그대로 구멍을 파서 도망칠 정도랍니다.
그런데 문제는 바로 머리! 땅돼지는 머리가 무척 약해요. 주식인 흰개미는 혀로 핥아 꿀꺽 삼키면 그만이라 이빨도 거의 없고, 입을 크게 벌리지도 못해요. 머리에 근육량도 적고 뼈도 얇아서, 단단한 나무나 바위에 머리를 부딪히면 맥없이 죽어 버리기도 한답니다.

프로필

포유류

- 이름 : 땅돼지
- 영어명 : Aardvark
- 서식지 : 아프리카 초원
- 크기 : 몸길이 1.3m
- 특징 : 30cm가 넘는 긴 혀로 흰개미를 핥아 먹는다.

안타까운 정도 ★★★

악어가 입을 벌리는 힘은 할아버지의 손아귀 힘보다 약해

이 세상 모든 동물 중에 무는 힘이 가장 강한 건 바다악어예요. 바다악어는 악어 중에서도 1, 2위를 다툴 만큼 몸집이 커요. 가장 큰 건 6미터가 넘는대요! 이 악어는 '세계에서 가장 큰 악어'로 기네스북에 올랐지요.

덥석 깨무는 힘도 상상을 초월해요. 입으로 소형 트럭 정도는 얼마든지 끌 수 있고, 웬만한 건 그대로 깨물어서 으깨 버린답니다.

그런데 입을 벌리는 힘은 턱없이 약해요. 고작 30킬로그램밖에 되지 않아서, 평범한 할아버지가 한 손으로 제압할 수 있을 정도지요.

프로필  파충류	○ 이름 : 악어 > 바다악어 ○ 영어명 : Crocodile > Saltwater crocodile ○ 서식지 : 인도양 연안의 해수와 담수가 섞인 곳	○ 크기 : 몸길이 최대 6m ○ 특징 : 모든 파충류 중 가장 무거워서 최대 1톤이 넘는다.

47

안타까운 정도 ★★

투아타라한테는 제3의 눈이 있지만 잘 보이진 않아

여기가 제3의 눈.

나는야 세눈박이, 좀 멋있지?

파충류인 투아타라는 뉴질랜드에 살아요. 투아타라의 머리뼈 꼭대기에는 구멍이 뚫려 있는데, 그곳엔 진짜 눈과 똑같은 구조로 된 '제3의 눈'이 있어요. 하지만 이 눈으로는 보지 못해요.

알에서 막 태어났을 때는 눈알처럼 보이다가, 태어난 지 반년쯤 지나면 비늘로 덮여서 겉으로는 아무것도 없는 것처럼 보여요. 제3의 눈을 갖고 태어났는데 굳이 덮어 버리다니, 마치 만화 캐릭터의 이야기 같지요?

이 눈의 역할은 아직 확실히 밝혀지지 않았지만, 햇빛을 감지해서 방향과 시간을 알고 체온도 조절한다고 추측하고 있어요.

프로필 파충류	
○ 이름 : 투아타라	○ 크기 : 몸길이 58cm
○ 영어명 : Tuatara	○ 특징 : 수명이 아주 길고, 100년 넘게 사는 것도 있다.
○ 서식지 : 뉴질랜드의 숲과 해안	

안타까운 정도 ★★

유리개구리는 내장이 훤히 다 보여

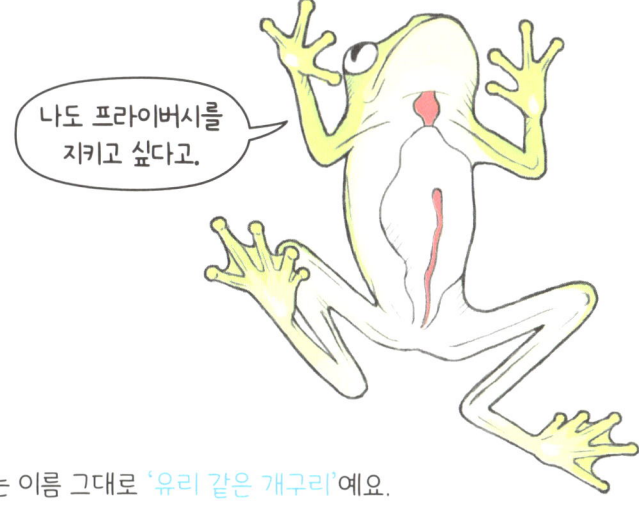

나도 프라이버시를 지키고 싶다고.

유리개구리는 이름 그대로 '유리 같은 개구리'예요. 배가 반투명해서, 밑에서 보면 내장이 훤히 들여다보여요. 그 이유에 대해선 나뭇잎에 달라붙어 있을 때 뱀 같은 적이 올려다보아도 발견하기 어렵도록 투명해졌다는 설이 있어요. 나뭇잎 위에 생물이 있을 때, 보통 밑에서 올려다보면 몸의 그림자가 거무스름하게 보이잖아요? 그런데 몸이 반투명하면 나뭇잎 아래쪽까지 빛이 닿기 때문에, 그림자가 희미해서 적의 눈에 잘 띄지 않는 거예요.

하지만 적에게 발견되면 치명적이에요. 중요한 내장이나 알의 위치까지 고스란히 들켜 버리니까요.

프로필 양서류
- 이름 : 유리개구리
- 영어명 : Glass frog
- 서식지 : 중앙아메리카와 남아메리카의 숲
- 크기 : 몸길이 2.5cm
- 특징 : 물가의 식물에 알을 낳고, 곁에서 부모가 지킨다.

안타까운 정도 ★★

클리오네는 먹이를 먹을 때 머리가 벌어져

맛있겠군! 촉수 나가신다!

클리오네는 조개의 일종이에요. '무각거북고둥'이라고도 하는데, 어릴 때는 껍데기가 있어요. 몸은 크리스털처럼 투명하고, 헤엄치는 모습은 하늘을 나는 것처럼 우아해요. 그 모습이 너무나 아름다워서, '바다 천사'라고 부르기도 한답니다.
하지만 식사할 때 보면 악마가 따로 없어요. 클리오네는 제일 좋아하는 먹이인 작은 고둥을 발견하면 머리가 벌어지면서 '버컬 콘'이라는 6개의 촉수가 팍 펼치듯 나와요. 이 촉수로 먹이가 도망치지 못하도록 단단히 붙잡은 뒤, 껍데기 안에 있는 영양분을 쭉쭉 빨아 먹으며 소화시키지요.

| 프로필 | 복족류 | ○ 이름 : 클리오네(무각거북고둥)
○ 영어명 : Clione
○ 서식지 : 북반구의 추운 바다 | ○ 크기 : 몸길이 2cm
○ 특징 : '날개가 있는 발'이라는 뜻의 익족을 사용해, 하늘을 나는 것처럼 헤엄친다. |

안타까운 정도 ★★

바비루사의 뿔처럼 보이는 것은 위턱의 송곳니

어때? 멋있지? 이런 송곳니 본 적 있나?

멧돼지를 보면 뾰족하고 강력한 송곳니 때문에 무섭기도 해요. 하지만 인도네시아에 사는 바비루사의 송곳니는 단순한 장식에 불과하지요.

바비루사의 송곳니는 다른 멧돼지보다 훨씬 길고 굵기는 거의 비슷해요. 그런데 쉽게 부러질 만큼 약해서 무기로는 거의 쓸모가 없어요. 더구나 위턱의 송곳니는 입 안쪽에서 자라서 얼굴 살을 뚫고 나오기 때문에 매우 아프다고 해요.

왜 송곳니가 이상하게 변했을까요? 그 이유는 단 하나, 송곳니가 길수록 암컷한테 인기가 있기 때문이에요. 송곳니가 짧은 수컷은 자손을 남기지 못하고, 불편하고 기다란 송곳니를 가진 수컷만이 계속 번식할 수 있지요.

프로필	 포유류	○ 이름 : 바비루사 ○ 영어명 : Babirusa ○ 서식지 : 인도네시아의 숲	○ 크기 : 몸길이 95cm ○ 특징 : 온몸에 털이 거의 자라지 않는다.

안타까운 정도 ⭐⭐

안경원숭이는 눈알이 너무 커서 굴릴 수 없어

난 눈알 대신 목을 돌리지.

안경원숭이는 커다란 눈을 가졌어요. 눈알 하나의 무게가 뇌와 맞먹을 정도로 무겁지요.
그런데 눈알이 크다고 좋은 건 아니에요. 안경원숭이의 눈은 머리뼈에서 튀어나올 정도로 커서, 사람처럼 눈알을 데굴데굴 굴릴 수가 없어요. 살짝 옆을 보려고 해도 올빼미처럼 고개를 돌려야 하지요.
안경원숭이의 눈이 불편할 정도로 커진 이유는 낮에 활동하던 원숭이가 야행성으로 진화했기 때문이에요. 캄캄한 밤에 숲에서 물체를 보기 위해선 빛을 많이 모을 수 있는 눈이 필요했기에, 점점 눈알이 커진 거예요.

프로필  포유류

- **이름** : 안경원숭이 > 필리핀안경원숭이
- **영어명** : Tarsier > Philippine tarsier
- **서식지** : 필리핀의 숲
- **크기** : 몸길이 12cm
- **특징** : 나무에서 나무로 3m나 점프한다.

안타까운 정도 ★★★

물맴이의 눈은 위와 아래는 보이지만 앞은 보이지 않아

앞이 깜깜하다고? 난 안 보여서 몰라.

물맴이는 소금쟁이처럼 수면 위를 쓱쓱 이동하면서 물에 사는 곤충이에요. 물 위에서 지내다 보니 물맴이는 항상 새와 물고기의 먹잇감이 되지요. 그래서 공중과 물속을 동시에 볼 수 있도록 눈이 위아래로 나뉘어졌답니다. 그 덕분에 물 밖과 안의 적을 모두 살펴 무사히 먹이를 구할 수 있지요.

그런데 물맴이는 앞은 볼 수 없어요. 사람으로 말하면 항상 한눈을 파는 상태라고나 할까요? 그래도 물맴이는 빙글빙글 원을 그리며 헤엄을 치니까 실제로는 별로 불편하지 않을지도 몰라요.

프로필	곤충류		
	○ 이름 : 물맴이	○ 크기 : 몸길이 7mm	
	○ 영어명 : Whirligig beetle	○ 특징 : 앞다리는 길지만 다른 다리는 매우 짧다.	
	○ 서식지 : 동아시아의 연못과 강		

안타까운 정도 ⭐⭐

홍학의 몸이 붉은 건 먹이 때문이야

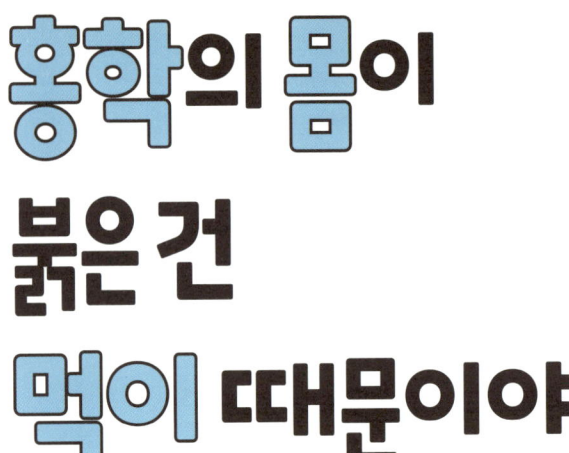

기다란 다리, ㄱ자로 구부러진 부리, 아름다운 붉은 날개. 우리가 흔히 아는 홍학의 특징이에요. 그런데 실은 갓 태어난 새끼는 새하얗고, 성장할수록 조금씩 빨개져요.

홍학은 왜 성장할수록 빨개질까요? 그건 부모가 자식의 입에 넣어 주는 '소낭유'라는 붉은 액체 때문이에요. 이 액체에 들어 있는 카로틴이라는 색소가 날개에 색깔을 입히는 거예요.

반대로 새끼에게 색소를 준 탓에 부모는 점점 하얘져요. 하지만 홍학의 세계에서 하얀색 날개는 인기가 없어요. 부모 홍학은 새끼를 키운 다음에 카로틴이 들어 있는 갑각류와 식물성 플랑크톤을 부지런히 먹어서 날개 색을 원래대로 되돌린답니다.

프로필 조류		
○ 이름 : 홍학 > 꼬마홍학		○ 크기 : 몸길이 85cm
○ 영어명 : Flamingo > Lesser flamingo		○ 특징 : 한쪽 다리를 접고, 다른 한쪽 다리로 서서 쉰다.
○ 서식지 : 아프리카에서 인도에 걸친 호수와 해안		

안타까운 정도 ★★

투구게의 뇌는 도넛처럼 생겼어

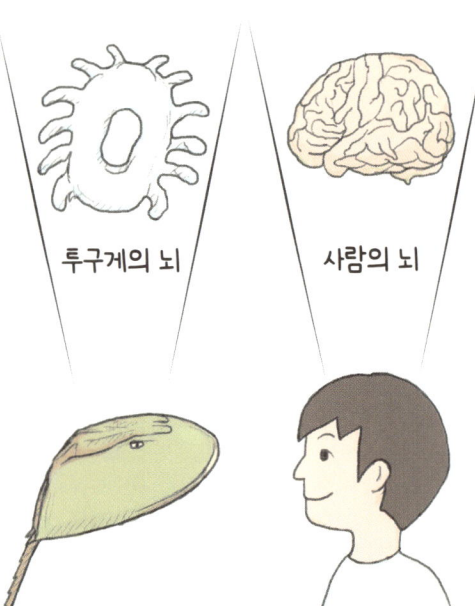

투구게의 뇌　　　사람의 뇌

투구게는 이름은 '게'지만, 사실은 거미나 전갈에 가까운 생물이에요. 등이 단단한 껍데기로 덮여 있어서 큼지막하게 보이지만, 뒤집어 보면 안은 텅 비었고 다리밖에 없는 것처럼 보이지요.

몸의 구조도 매우 독특해서, 뇌가 입 바로 밑에 있어요. 또한 뇌의 한가운데에 식도가 지나고 있어서 가운데가 뚫린 도넛처럼 보이기도 해요. 더구나 입쪽에 다리가 있어서, 머리가 어디까지인지도 확실하지 않아요.

투구게의 피는 파란색인데, 세균에 민감하게 반응하기 때문에 세균이 있는지 없는지 검사하는 약을 만드는 데 쓰이고 있어요.

| 프로필 | 협각류 | ◦ 이름 : 투구게
◦ 영어명 : Tri-spine horseshoe crab
◦ 서식지 : 아시아의 얕은 바다 | ◦ 크기 : 몸길이 65cm
◦ 특징 : 알을 8만 개나 낳는다. |

안타까운 정도 ★★

악어머리뿔매미의 머릿속은 텅 비었어

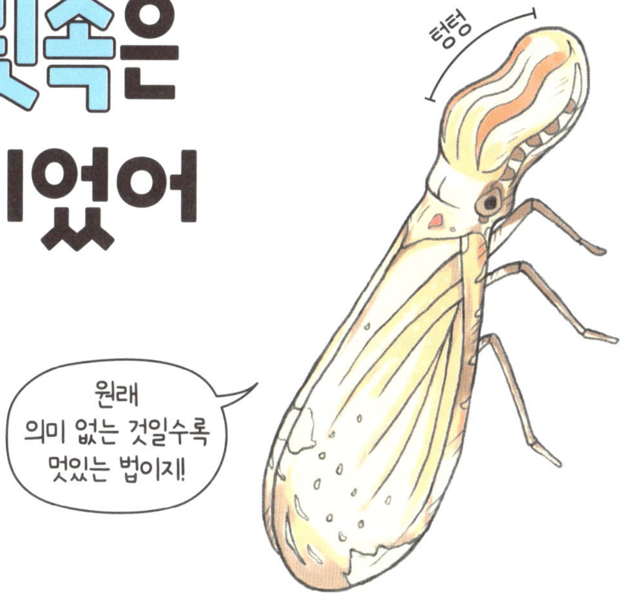

텅텅

> 원래 의미 없는 것일수록 멋있는 법이지!

악어머리뿔매미는 노린재의 친구예요. 머리가 땅콩 껍데기처럼 생겼는데, 이건 가짜 머리! 안에는 아무것도 들어 있지 않고, 진짜 머리는 그 뒤쪽에 있어요. 가짜 머리는 옆에서 보면 악어의 머리처럼 보여서 새들이 무서워한다는 얘기가 있어요. 진짜 머리를 지키기 위한 미끼라는 얘기도 있고요. 그런데 실제로는 양쪽 모두 특별한 효과는 없다고 해요.
아무 생각도 없는 상태를 '머리가 텅 비었다'라고 하잖아요? 어쩌면 악어머리뿔매미도 별 생각 없을지 몰라요.

| 프로필   곤충류 | ○ 이름 : 악어머리뿔매미
○ 영어명 : Fulgora laternaria
○ 서식지 : 북아메리카와 중앙아메리카의 숲 | ○ 크기 : 몸길이 7cm
○ 특징 : 깜짝 놀라면 뒤쪽 날개를 펼쳐서 눈알 같은 문양을 보여 준다. |

안타까운 정도 ★★

코뿔소의 뿔은 그저 단순한 사마귀야

💬 사람들은 참 이상해. 왜 내 사마귀를 좋아하는 걸까?

옛날부터 사람들은 코뿔소를 좋아했어요. 아니, 정확히 말하면 코뿔소의 뿔을 좋아했지요. 공예품이나 약의 재료로 쓰려고 말이에요. 많은 사냥꾼이 돈을 노리고 코뿔소를 사냥한 탓에, 지금은 전 세계에 있는 5종류의 코뿔소가 모두 멸종 위기에 처했답니다.

사람들이 그토록 좋아하는 코뿔소의 뿔은 피부의 일부가 단단해진 거예요. 한마디로 말해서 단순한 사마귀지요. 소나 사슴의 뿔처럼 칼슘 덩어리가 아니라, 머리카락이나 손톱처럼 케라틴 성분으로 되어 있어요.

큰 효과를 바라면서 약으로 만들어 먹어도, 동네 아저씨의 손톱을 달여 먹는 것과 큰 차이가 없답니다.

 프로필  포유류
- 이름 : 코뿔소 > 검은코뿔소
- 영어명 : Rhinoceros > Black rhinoceros
- 서식지 : 아프리카 초원
- 크기 : 몸길이 3.4m
- 특징 : 몸 전체가 갑옷처럼 두꺼운 피부로 덮여 있다.

안타까운 정도 ★★

일각돌고래의 뿔은 사실은 엄니야

쉽게 부러지니까 만지지 말아 주세요.

일각돌고래는 뿔이 하나인 돌고래라는 뜻이에요. 이름처럼 매우 늠름하게 생겼지만, 실은 이건 뿔처럼 생긴 엄니예요. 송곳니가 3미터 정도 길게 자란 거지요. 더구나 입을 다물려고 하면 윗입술을 뚫고 나가서 여간 불편한 게 아니에요.

이 엄니는 수컷에게만 있고 암컷에겐 없어요. 번식기가 되면 수컷은 서로 엄니를 치켜들고 암컷에게 구애해요. 암컷은 누가 엄니가 더 긴지 보고 상대를 선택하지요. 일각돌고래의 세계에서는 뻐드렁니일수록 암컷에게 인기가 있어서, 의기양양하게 여러 암컷을 거느릴 수 있어요.

| 프로필 |  포유류 | ○ 이름 : 일각돌고래
○ 영어명 : Narwhal
○ 서식지 : 북극 지역의 바다 | ○ 크기 : 몸길이 4.4m
○ 특징 : 나이를 먹으면 몸이 하얘진다. |

안타까운 정도 ★★

큰머리거북은 머리가 너무 커서 등딱지 안에 못 들어가

쩝, 머리를 지키고 싶은데…….

보통 거북의 등딱지는 워낙 단단하고 무거워서 빨리 움직이는 데 방해가 되지만, 방패처럼 방어력이 매우 뛰어나요. 등딱지 안에 틀어박히면 대부분의 공격은 피할 수 있지요. 전 세계에 사는 거북이 300종이 넘는 걸 보면 이 방법은 꽤 효과가 있는 것 같아요.

그런데 큰머리거북은 머리가 큰 것에 비해 등딱지가 평평해서 머리를 숨길 수 없어요. 또 거북치고는 꼬리도 엄청나게 길어서 숨을 생각이 없는 듯해요.

대신에 비교적 가벼운 등딱지 때문인지 움직임이 빨라서 나무에도 올라갈 수 있어요. 이 정도면 거북스러움을 온몸으로 거부하고 있는 거 같죠?

프로필 파충류
- 이름 : 큰머리거북
- 영어명 : Big-headed turtle
- 서식지 : 중국 남부와 인도차이나반도의 계곡
- 크기 : 등딱지 길이 17cm
- 특징 : 꼬리 힘이 강해서 나뭇가지를 휘감을 수 있다.

안타까운 정도 ★★

큰개미핥기는 발톱이 너무 커서 제대로 걸을 수 없어

이거야 원, 정말 귀찮군.

큰개미핥기는 이빨이 없어요. 그 대신 초고속으로 움직이는 기다란 혀를 가지고 있어서, 하루에 흰개미를 3만 마리나 먹을 수 있어요.
흰개미를 먹기 위해선 돌처럼 단단한 흰개미 굴을 무너뜨려야 하는데, 그때 가장 도움이 되는 게 앞발에 달린 커다란 발톱이랍니다.
그런데 이 발톱이 너무 크다 보니 그대로 걸으면 발의 앞 끝을 높이 치켜들게 돼요. 그러다 소중한 식사 도구가 부러지기라도 하면 큰일이지요. 그래서 큰개미핥기는 발톱이 땅에 닿지 않도록 앞발을 안쪽으로 구부려서, 주먹으로 땅을 때리는 것처럼 걷는답니다.

프로필  포유류
- 이름 : 큰개미핥기
- 영어명 : Giant anteater
- 서식지 : 중앙아메리카와 남아메리카의 초원이나 습지
- 크기 : 몸길이 1.1m
- 특징 : 어미가 새끼를 등에 올리고 이동한다.

안타까운 정도 ⭐⭐

해파리는 입과 항문이 같아

먹느라 싸느라, 바쁘다 바빠!

해파리가 평화롭게 헤엄치는 모습만 보면 전혀 해를 끼칠 것 같지 않지만, 해파리 중에는 촉수에 독이 든 종류도 있어요. 독이 강한 해파리에 쏘이면 몇 분 만에 죽을 수도 있어서 함부로 다가가면 큰일 난답니다.

해파리는 촉수로 먹이를 찔러서 약하게 만든 뒤, 천천히 입에 넣어요. 그리고 몸속에서 소화하고 흡수한 뒤, 다시 입으로 찌꺼기를 내보내지요.

사람으로 말하면 입으로 먹은 음식을 위 안에서 똥으로 만들어, 다시 입으로 토해 내는 거예요. 해파리는 뇌가 없어서 미각이 없다는 설도 있고, 입 주변으로 맛을 확실히 느낀다는 설도 있어요. 어떤 게 맞는지는 아직 밝혀지지 않았답니다.

프로필 해파리류

- 이름 : 해파리 > 보름달물해파리
- 영어명 : Jellyfish > Moon jellyfish
- 서식지 : 전 세계의 바다
- 크기 : 갓의 지름 15cm
- 특징 : 갓에 네잎클로버 모양의 생식선 4개가 있다.

안타까운 정도 ★★

불가사리는 입 밖으로 위를 꺼내서 밥을 먹어

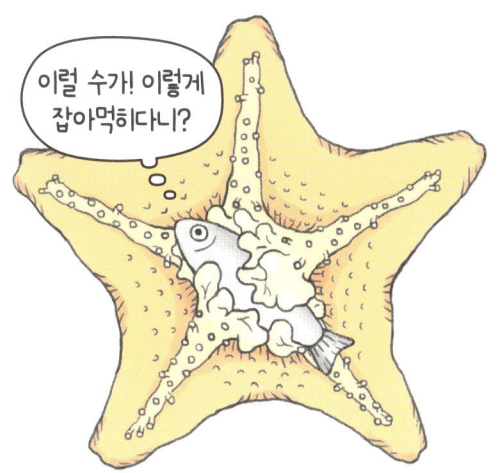

이럴 수가! 이렇게 잡아먹히다니?

불가사리의 몸은 평평하고 단단한 피부로 덮여 있어서, 먹이가 너무 크면 삼킬 수 없어요. 항상 벨트로 배를 단단히 조이고 있는 상태와 비슷하지요. 그러면 밥을 많이 먹을 수도 없고 금방 배가 고프겠죠?

그래서 불가사리가 생각한 방법은 바로 입으로 위를 토해 내서 소화하는 거예요. 불가사리는 먹이를 잡으면 일단 입에서 토해 낸 위에 찰싹 붙여요. 그리고 거기서 위액을 내보내 소화하고 흡수하지요.

이런 엄청난 일이 가능한 건 불가사리가 놀라울 정도로 재생 능력이 뛰어나기 때문이에요. 몸 밖으로 내보낸 위에 상처가 생겨도 금방 낫거든요.

프로필 불가사리류
- 이름 : 불가사리 > 별불가사리
- 영어명 : Starfish > Blue bat seastar
- 서식지 : 한반도와 일본의 얕은 바다
- 크기 : 몸길이 6cm
- 특징 : 몸을 약간 들어 올려 틈을 만든 뒤, 새우 같은 먹이를 유인한다.

안타까운 정도 ★★★

세발가락나무늘보는 비가 계속 오면 굶어 죽어

세발가락나무늘보는 한 가지 신념이 있어요. 최대한 체력을 아끼는 거예요. 그래서 하루 종일 거의 움직이지 않고 나무 위에서 가만히 있어요. 식사도 하루에 나뭇잎을 한두 장 먹는 게 고작이지요.
겉으로 움직이지 않을 뿐만 아니라 몸속 장기도 에너지를 쓰지 않아서, 소화하는 데 몇 주가 걸리기도 해요. 심지어 다른 포유류와 달리 체온 조절을 위한 에너지도 쓰지 않아 기온에 따라 체온이 변해요.
며칠씩 비가 계속 내려서 기온이 내려가면 체온도 내려가고, 소화 기관이 일을 하지 않아요. 그러면 나뭇잎 몇 장조차 소화하지 못해서, 배가 가득 찼는데도 굶어 죽는 일이 생기지요. 죽음이 코앞인데 에너지를 줄이는 게 무슨 의미가 있는지 알 수 없어요.

프로필	 포유류	
○ 이름 : 세발가락나무늘보 > 갈색목세발가락나무늘보		○ 크기 : 몸길이 60cm
○ 영어명 : Three-toed Sloth > Brown-throated sloth		○ 특징 : 일주일에 한 번 똥을 누기 위해 나무에서 내려온다.
○ 서식지 : 중앙아메리카와 남아메리카의 숲		

안타까운 정도 ★★

어른 말벌은 애벌레한테서 먹이를 얻어

하나를 얻으면 하나를 잃는 법이란다.

말벌은 다른 곤충을 잡으면 동그랑땡처럼 둥글게 말아서 굴로 가져가요. 나중에 먹으려고 보관하는 게 아니라 애벌레한테 먹이로 주려고요. 어른 말벌은 애벌레가 먹이를 먹고 입에서 내놓은 흐물흐물해진 액체를 먹는답니다.

왜 그러냐고요? 그건 말벌의 가슴과 배 사이가 너무너무 잘록하기 때문이에요. 독침이 있는 엉덩이를 자유자재로 움직이려다 보니 허리가 가늘어졌는데, 그 때문에 단단한 음식이 지나갈 수 없게 돼 버렸어요. 그래서 말벌은 어쩔 수 없이 애벌레로부터 영양가 있는 액체를 받아먹으며 살아가고 있는 거예요. 이래서는 누가 어른이고 누가 어린애인지 헷갈리지요?

| 프로필 | 곤충류 | ● 이름 : 말벌 > 장수말벌
● 영어명 : Hornet > Asian giant hornet
● 서식지 : 아시아의 숲 | ● 크기 : 몸길이 3.2cm(일벌)
● 특징 : 땅속이나 나무 구멍에 거대한 굴을 만든다. |

안타까운 정도 ★★

장수거북의 입안은 가시투성이야

파충류 중에서 거북만은 이빨이 없어요. 장수거북도 이빨이 없지만, 그 대신 입을 벌리면 목구멍까지 무수한 가시가 빼곡히 자라나 있답니다.

장수거북은 세계에서 가장 큰 거북이에요. 등딱지의 길이는 최대 약 1.9미터, 몸무게는 최대 1톤 가까이 돼요. 이렇게 커다란 몸을 유지하기 위해서는 많이 먹어야겠죠? 그래서 하루에 해파리를 100킬로그램까지 먹기도 해요.

장수거북이 이렇게 많은 해파리를 먹을 수 있는 비결은 바로 목 안에 있는 가시예요. 바닷물과 함께 해파리를 삼키면, 가시에 해파리가 걸리고 바닷물만 토해 낼 수 있답니다. 정말 기발한 수법이지요?

프로필 파충류	○ 이름 : 장수거북	○ 크기 : 등딱지의 최대 길이 1.9m
	○ 영어명 : Leatherback sea turtle	○ 특징 : 등딱지가 피부로 덮여 있다.
	○ 서식지 : 열대에서 온대에 걸친 바다	

안타까운 정도 ★★★

말총벌의 산란관은 너무 길어서 방해만 돼

흑흑, 날기도 힘들어.

말총벌은 몸길이의 10배에 가까운 기다란 꼬리가 있어요. 그런데 사실 이건 꼬리가 아니에요. 나무줄기 안에 숨어 있는 하늘소의 애벌레에 알을 낳기 위한 산란관이지요. 말총벌은 다른 생물 몸에 기생하는 기생벌의 일종으로, 말총벌 애벌레는 하늘소의 애벌레를 먹고 자라요.
암컷의 산란관은 번데기 때 길어져요. 그런데 산란관이 길어도 너무 길어서 탈피하는 것도, 나는 것도 여간 힘들지 않아요. 당연히 눈에 잘 띄기 때문에 적에게도 금방 들킬 수밖에 없지요.
온통 나쁜 점만 있어서 그런지, 현재 말총벌은 수가 많지 않은 귀한 곤충이에요.

프로필	곤충류	
○ 이름 : 말총벌	○ 크기 : 몸길이 2cm	
○ 영어명 : Euurobracon yokahamae	○ 특징 : 말총벌이 죽으면 산란관은 빙빙 감긴다.	
○ 서식지 : 한국과 일본, 타이완의 숲		

안타까운 정도 ★★★

키다리게는 다리가 길어서 허물 벗다가 죽기도 해

어휴, 죽는 줄 알았네.

키다리게는 세계에서 가장 큰 게로, 다리를 쭉 펼치면 3미터나 돼요. 게 같은 절지동물은 갑옷으로 둘러싸인 듯 단단해 보이지만, 사실 뼈가 없고 두꺼운 피부만으로 몸을 지탱하고 있어요.

닭새우나 거대바다쥐며느리 같은 거대한 절지동물은 바닷속에서만 살아요. 덩치가 클수록 몸을 지탱하기 힘든데, 바닷속에선 둥둥 뜰 수 있으니까요.

절지동물이 성장하기 위해서는 탈피, 즉 허물벗기를 해야 해요. 키다리게는 다리가 너무 길다 보니 탈피할 때 목숨까지 걸어야 해요. 어떤 수족관에서는 탈피하는 데 6시간이나 걸렸다는 기록도 있어요. 또 도중에 힘이 빠져서 탈피에 실패하는 일도 있다고 해요.

프로필 갑각류
- 이름 : 키다리게
- 영어명 : Japanese spider crab
- 서식지 : 일본과 타이완 주변의 심해
- 크기 : 집게발을 펼치면 3m
- 특징 : 어린 게는 온몸이 미세한 털로 뒤덮여 있다.

안타까운 정도 ★★

큰회색머리아비는 다리가 있는데도 못 걸어

다리가 원래 걷는 데 쓰는 거야?

질질질질

큰회색머리아비의 특기는 잠수라서, 무려 50미터 물속까지 내려갈 수 있어요. 목을 길게 내밀고 날개를 접어서, 물의 저항을 한껏 줄여 빠르게 나아가는 모습은 꼭 로켓처럼 보이지요.

그 대신, 큰회색머리아비가 땅 위에서 이동하는 건 몹시 힘들어요. 오리처럼 아장아장 걸을 수도 없고 다리로 몸을 지탱할 수도 없어요. 바다표범처럼 배로 기어서 이동할 수밖에 없지요.

그런데 놀라지 마세요! 이 새는 걸을 수는 없지만 날 수는 있어요. 물론 제대로 걸을 수 없어서 땅 위에서는 날아오르지 못해요. 다만 물에서는 날개를 퍼덕이며 물 위를 힘차게 달리듯이 도움닫기 해서 날 수 있지요.

프로필 조류

- 이름 : 큰회색머리아비
- 영어명 : Black-throated diver
- 서식지 : 북태평양 연안
- 크기 : 몸길이 65cm
- 특징 : 작은 물고기보다 더 빨리 헤엄칠 수 있다.

안타까운 정도 ★★★

카카포는 너무 뚱뚱해져서 날 수 없어

> 다이어트는 내일부터!

앵무새의 친구인 카카포는 뉴질랜드에 살아요. 뉴질랜드와 그 주변 섬에는 지난 100만 년 동안 카카포를 위협하는 천적이 없었지요. 덕분에 카카포의 조상들은 맛있는 나무 열매를 마음껏 먹으며 지냈어요.
그 결과, 카카포는 몸길이 약 60센티미터에 몸무게가 4킬로그램이나 되는 거대한 새가 되었어요. 더구나 날기 위한 근육은 퇴화하고, 그 대신 지방이 덕지덕지 붙었지요.
그런데 카카포의 터전에 사람이 고양이나 족제비 같은 적을 데려오는 바람에 상황이 심각해졌어요. 카카포는 적에게 공격을 받아도 몸을 웅크리기만 하고 도망치지 못해서 지금 멸종 위기에 처해 있어요.

  조류

- 이름 : 카카포
- 영어명 : Kakapo
- 서식지 : 뉴질랜드의 숲
- 크기 : 몸길이 60cm
- 특징 : 수컷이 한곳에 모여 구애하고, 암컷이 상대를 선택한다.

안타까운 정도 ★★

남극하트지느러미 오징어의 눈은 세상에서 가장 크지만 시력이 좋진 않아

"가장 안타까운 건 나징어."

남극하트지느러미오징어는 세계에서 가장 무거운 오징어예요. 현재까지 발견된 가장 큰 오징어라는 대왕오징어보다 더 클 가능성도 있어요. 지름이 27센티미터나 되는 눈알은 동물 중에서 가장 크답니다. 농구공보다도 더 큰 거예요. 이 거대한 눈은 향고래 같은 천적으로부터 도망칠 때 유용해요. 물속에 무수히 떠다니는 빛나는 플랑크톤이 어떻게 움직이는지 파악해서 적이 접근하는지 알 수 있거든요. 남극하트지느러미오징어가 사는 깊은 바다에는 햇빛이 닿지 않아서, 사물의 형태를 알아볼 수 없어요. 더구나 이 오징어는 심각한 원시라서 가까이 있는 건 거의 보이지 않는다고 해요.

프로필 — 두족류

- 이름 : 남극하트지느러미오징어
- 영어명 : Colossal squid
- 서식지 : 남극 지역의 심해
- 크기 : 몸통 길이 4m
- 특징 : 긴 다리 끝에 갈고리가 있다.

안타까운 정도 ★★★

코끼리는 나이를 먹으면 이빨이 닳아서 없어져

이빨은 아주 중요하니끼리.

코끼리는 두 개의 기다란 송곳니 이외에 위아래로 어금니가 있어요. 어금니는 매우 큰데, 입안 위아래에 2개씩밖에 나지 않아요. 그럼 나머지 어금니는 어디에 있을까요? 사용하던 어금니가 닳아서 없어지면 다음 이빨이 안쪽에서. 앞에 있는 이빨을 밀어내요. 마치 스테이플러의 심처럼 말이죠. 그래서 코끼리의 어금니는 평생 동안 5번이나 바뀐답니다.

하지만 그래도 부족해요. 코끼리는 초식 동물이라서 나무껍질이나 나뭇가지처럼 단단한 것도 잘 먹거든요. 심지어 하루에 먹는 양이 무려 200킬로그램! 그로 인해 60년쯤 지나면 이빨이 모두 닳아 버려요. 마지막에는 아무것도 먹을 수 없어서 굶어 죽는답니다.

| 프로필 | 포유류 | ○ 이름 : 코끼리 > 아프리카코끼리
○ 영어명 : Elephant > African elephant
○ 서식지 : 아프리카 초원 | ○ 크기 : 몸길이 6.8m
○ 특징 : 포유류 중에서 가장 냄새에 민감하다. |

안타까운 정도 ⭐⭐

가재는 먹이에 따라 몸 색깔이 달라져

"미국가재는 무슨 색이야?" 하고 물으면 다들 "빨간색!"이라고 말할 거예요. 하지만 실은 새끼 때는 회색이고 점점 성장하면서 빨갛게 변해요.
가재는 환경에 민감해요. 물 성질이 알칼리성이거나 주변이 밝으면 몸 색깔이 희미해져요. 반대로 물이 산성이거나 주변이 어두우면 몸 색깔이 짙어져요.
미국가재의 붉은 색깔은 카로틴이라는 색소의 영향이 커요. 카로틴은 수초나 옆새우 같은 먹이를 통해 몸에 들어오지요. 그래서 가재가 전갱이나 정어리처럼 카로틴이 없는 먹이만 먹으면 붉은색이 희미해져서, 푸르스름해지거나 색이 빠져서 하얘지기도 한답니다.

갑각류

- 이름 : 가재 > 미국가재
- 영어명 : Crayfish > Red swamp crayfish
- 서식지 : 북아메리카 남부의 연못이나 강
- 크기 : 몸길이 12cm
- 특징 : 도망칠 때 배를 접고 뒤쪽으로 점프한다.

진화 극장 ① 코끼리의 코가 긴 이유

다들, 안녕! 난 코끼리야.
너희들, 내 코가 얼마나 대단한지 알고 있니?
사람들은 냄새를 잘 맡는다고 하면 개를 떠올리는데
난 개보다 후각이 2.5배나 발달해서
냄새를 끝내주게 잘 맡아.
역시 코 하면 코끼리 아니겠어?
더구나 코로 300킬로그램 정도는 가뿐히 들어 올릴 수 있고,
땅콩처럼 자그마한 것도 잡을 수 있어.
하지만 우리가 옛날부터 이렇게 코가 길었던 건 아니야.
우리의 진화 이야기, 한번 들어 볼래?

휘리릭 극장

 어라? 도롱이벌레가
매달려 있어.

제3장
안타까운 삶

"더 편하게 살 순 없었니?" 하고
참견하고 싶어지는 생물들을 소개할게요.

안타까운 정도 ★★

암컷 덤불개는 물구나무서서 오줌을 싸

고생스러워도 어쩔 수 없어!

열대 우림에 사는 덤불개는 암컷이 영역을 표시하기 위해 나무에 오줌을 뿌리면서 돌아다녀요.
이때 가장 중요한 건 오줌을 뿌리는 위치예요. 높이 뿌릴수록 영역 쟁탈전에서 유리하다고 해요. 몸집이 크다고 여길 수 있어서지요. 그래서 덤불개의 조상들은 더 높은 곳에 오줌을 뿌리기 위해 시행착오를 거듭한 끝에, 놀라운 방법을 생각해 냈어요. 바로 물구나무를 서서 오줌을 뿌리는 거예요.
지금은 모든 덤불개가 물구나무를 서서 오줌을 뿌려요. 이제는 몸 크기와 상관없이, 얕보이지 않으려면 물구나무를 설 수밖에 없어요. 자존심은 중요하니까요!

프로필	포유류	
○ 이름 : 덤불개		○ 크기 : 몸길이 65cm
○ 영어명 : Bush dog		○ 특징 : 앞을 향한 채 매우 빠르게 뒤로 달릴 수 있다.
○ 서식지 : 남아메리카의 열대 우림		

안타까운 정도 ★

새끼 캥거루는 입이 엄마 젖꼭지에서 떨어지지 않아

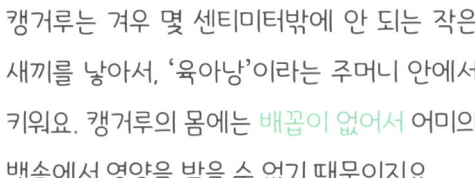

나에게 먹지 않을 자유를 달라!

캥거루는 겨우 몇 센티미터밖에 안 되는 작은 새끼를 낳아서, '육아낭'이라는 주머니 안에서 키워요. 캥거루의 몸에는 배꼽이 없어서 어미의 뱃속에서 영양을 받을 수 없기 때문이지요.
갓 태어난 새끼는 자기 힘으로 주머니에 들어가서 안에 있는 젖꼭지를 물어요. 그러면 젖꼭지의 끝이 불룩하게 부풀어 올라 입에서 떨어지지 않아요. 새끼가 성장해서 입을 크게 벌릴 때까지 강제로 젖꼭지를 물어야 하는 거예요. 새끼 캥거루는 주머니에서 나올 수도, 몸을 움직일 수도 없어요. 똥과 오줌도 그대로 싸는데, 어미가 주머니에 얼굴을 집어넣고 새끼의 배설물을 먹는다고 해요.

 프로필  포유류
○ 이름 : 캥거루 > 붉은캥거루
○ 영어명 : Kangaroo > Red kangaroo
○ 서식지 : 호주의 들판
○ 크기 : 몸길이 1.2m
○ 특징 : 번식기가 되면 수컷들은 암컷 주변을 돌면서 서로 뒷발로 차며 싸운다.

안타까운 정도 ★★★

라쿤은 먹이를 씻는 게 아니야

라쿤이 물가에서 먹이를 씻는 모습을 보고 귀여워하는 사람이 많아요. "먹이를 씻어 먹다니! 저렇게 깨끗한 동물은 처음 봐." 하고 말이에요.

하지만 이건 당치도 않은 착각이에요. 사실 라쿤은 눈이 나빠서 먹이를 잡을 때 앞발을 물에 넣은 뒤, 돌멩이 밑을 손으로 더듬어요. 그 모습이 먹이를 씻는 것처럼 보이는 거예요.

그런데 동물원에서 먹이를 잘 받아먹는 라쿤도 종종 먹이를 물로 씻는다고 해요. 정확한 이유는 아직 밝혀지지 않았지만, 너무 심심하고 할 일이 없기 때문이라는 설이 유력해요. 그렇다면 그냥 먹이를 씻어 먹는다고 봐도 되지 않을까요?

프로필	포유류	
○ 이름 : 라쿤		○ 크기 : 몸길이 50cm
○ 영어명 : Raccoon		○ 특징 : 발가락이 사람 손가락처럼 길다.
○ 서식지 : 북아메리카와 중앙아메리카의 숲		

안타까운 정도 ★★★

땃쥐는 3시간만 굶어도 죽고 말아

아무리 졸려도 살려면 먹어야 해!

땃쥐는 포유류 중에서 가장 몸집이 작은 동물 중 하나예요. 제일 작은 녀석은 체중이 1.5그램 정도로, 카드놀이 할 때 쓰는 카드 한 장의 무게보다도 가벼워요. 땃쥐는 기온의 영향을 아주 많이 받아요. 심장을 비롯해 몸의 기능이 제대로 돌아가기 위해서는 체온이 일정하게 유지되어야 하지요. 그런데 몸이 작은 동물일수록 조금만 날씨가 추워도 곧바로 체온이 내려가요.

작은 동물이 체온을 유지하는 가장 좋은 방법은 먹이를 먹으며 에너지를 계속 흡수하는 거예요. 그래서 땃쥐는 30분마다 식사와 휴식을 반복하며 몹시 바쁘게 살아가지요. 어쩌면 세상에서 가장 부지런한 동물이 아닐까요?

프로필  포유류
- 이름 : 땃쥐 > 꼬마뒤쥐
- 영어명 : Shrew > Eurasian least shrew
- 서식지 : 유라시아 북부의 풀밭
- 크기 : 몸길이 4.7cm
- 특징 : 이빨은 철분이 들어 있어서 빨갛다.

안타까운 정도 ★★

황제펭귄은 두 달 동안 발등 위에 알을 품어

참아야 하느니라…….

황제펭귄은 겨울이 되면 영하 60도나 되는 극한의 얼음 벌판에서 알을 낳아요. 남극 대륙의 바닷가에서 100킬로미터나 걸어가서 말이에요.
알을 따뜻하게 해 주는 건 수컷의 역할이에요. 암컷이 알을 낳으면 수컷이 발 위에 올리는데, 여기는 한겨울의 남극! 자칫 알을 떨어뜨리기라도 하면 한순간에 얼어 버려요. 무사히 알을 받은 뒤에도 안심해선 안 돼요. 추위를 피하기 위해 서로 몸을 맞대는 사이에, 실수로 알을 떨어뜨리는 수컷도 드물지 않거든요.
수컷은 암컷이 바다에서 먹이를 가져올 때까지 두 달 동안 아무것도 먹지 않고 알을 따뜻하게 품는답니다. 황제의 자식 사랑은 엄청나네요.

프로필	조류	
○ 이름 : 황제펭귄	○ 크기 : 몸길이 1.2m
○ 영어명 : Emperor penguin	○ 특징 : 헤엄을 아주 잘 쳐서 수심
○ 서식지 : 남극 주변의 얼음 벌판	500m까지 잠수할 수 있다.

안타까운 정도 ★★★

삼지느러미바다악마의 수컷은 암컷의 사마귀가 돼

깊은 바닷속에는 생물이 많지 않아서 수컷과 암컷이 만나기가 매우 어려워요. 그래서 수컷들은 자손을 남기기 위해 치열하게 머리를 써요.
삼지느러미바다악마의 수컷은 암컷을 만나면 암컷의 몸에 찰싹 달라붙어요. 사랑이 넘치는 행동처럼 보인다고요? 천만의 말씀! 수컷의 피부나 혈관이 암컷과 합체해서 결국 암컷의 사마귀 같은 존재가 되는 가혹한 운명을 맞는답니다.
물론 사마귀로 끝나는 건 아니에요. 암컷의 몸속에 정자를 보내서 새끼를 만드는 중요한 일을 하지요. 문제는 암컷의 몸에 달라붙는 수컷이 한 마리가 아니라는 거예요. 자신의 정자가 수정되지 않으면 단순한 사마귀로 일생을 마치게 되지요.

| 프로필 |  어류 | ○ 이름 : 삼지느러미바다악마
○ 영어명 : Triplewart seadevil
○ 서식지 : 열대에서 아열대의 심해 | ○ 크기 : 몸길이 40cm(암컷)
○ 특징 : 안테나처럼 생긴 기관이 빛을 내며 먹이를 유인한다. |

안타까운 정도 ★★

해삼은 적의 습격을 받으면 내장을 토해 내

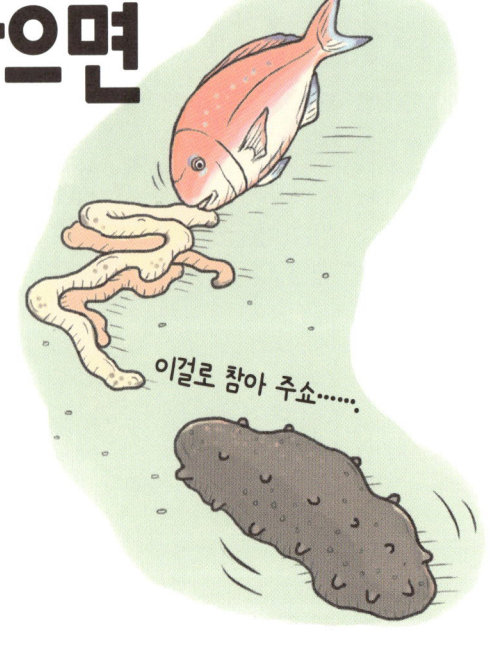

이걸로 참아 주쇼······

해삼의 몸에는 사포닌이라는 독이 있어요. 덕분에 바다 밑바닥에 태연하게 누워 있어도 공격을 당하는 일이 거의 없지요.
그런데 가끔 물고기한테 습격당하기도 해요. 그럴 때 해삼은 내장을 토해 내요. 깜짝 놀라서 자기도 모르게 토해 내는 게 아니라, 내장을 줄 테니까 자신의 목숨만은 눈감아 달라는 절묘한 작전이지요. 해삼은 재생 능력이 매우 뛰어나서, 두 달쯤 지나면 적에게 준 만큼 내장이 다시 자라나거든요.
내장이 적의 몸에 끈적끈적하게 달라붙어서 적을 괴롭히는 해삼도 있다고 해요. 참 기막힌 작전이죠?

프로필	 해삼류	○ 이름 : 해삼 > 돌기해삼 ○ 영어명 : Sea cucumber > Japanese sea cucumber ○ 서식지 : 동아시아의 바다 밑바닥	○ 크기 : 몸길이 20cm ○ 특징 : 몸 색은 파란색, 빨간색, 검은색으로 다양하다.

안타까운 정도 ★★

스컹크는 방귀 냄새가 지독할수록 인기가 많아

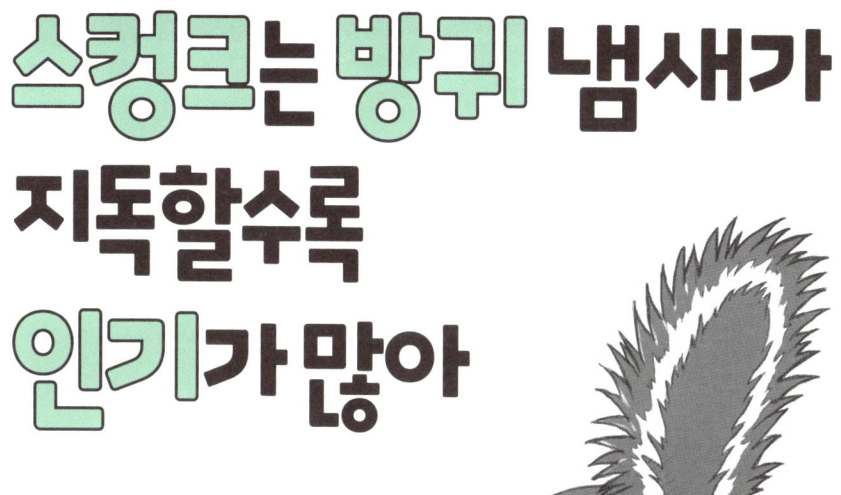

냄새의 기준은 각각 다른 법이지.

스컹크는 방귀 냄새가 지독한 것으로 유명해요. 하지만 이것은 진짜 방귀가 아니라 엉덩이에 있는 '냄새샘'에서 발사되는 액체예요.
스컹크가 뿜는 냄새는 1킬로미터 떨어진 곳까지 미칠 만큼 강력하지요. 한번 몸에 배면 일주일 넘게 사라지지 않아서, 그 냄새를 알고 있는 동물은 결코 스컹크를 공격하지 않아요. 그런데 스컹크들은 이 냄새를 좋아하는 것 같아요. 왜냐하면 암컷과 수컷이 서로 상대의 엉덩이 냄새를 맡고 나서 짝짓기를 하거든요. 새끼의 방귀 냄새가 지독할수록 무기로서 쓸모 있기 때문에, 냄새가 더 지독한 상대를 선택하는 거예요.

프로필  포유류
- 이름 : 스컹크 > 줄무늬스컹크
- 영어명 : Skunk > Striped skunk
- 서식지 : 북아메리카의 숲
- 크기 : 몸길이 33cm
- 특징 : 방귀를 발사하기 전에 물구나무를 서서 경고한다.

안타까운 정도 ★★

목도리도마뱀은 목도리를 펼쳐도 효과가 없으면 재빨리 두 발로 뛰어서 도망쳐

목도리도마뱀은 평소에 나무 위에서 살아요. 그러다 곤충이나 작은 도마뱀을 잡아먹기 위해 가끔 땅으로 내려오지요. 그때 천적인 독수리나 뱀의 습격을 받으면 뒷발로 일어서서 목도리를 확 펼쳐 위협합니다.
그런데 기대와 달리, 대부분의 적은 조금도 기가 죽지 않아요. 그러면 목도리도마뱀은 재빨리 뒤를 돌아 안전한 나무가 있는 곳까지 죽을힘을 다해 도망친답니다. 목도리도마뱀의 이 익살스러운 모습을 한 번 보면 뇌리에 콕 박히다 보니, 많은 사람들에게 인기를 얻고 있어요.

프로필
파충류
- 이름 : 목도리도마뱀
- 영어명 : Frilled lizard
- 서식지 : 호주와 뉴기니의 숲
- 크기 : 몸길이 75cm
- 특징 : 목 주변에 목도리처럼 생긴 피부가 있다.

안타까운 정도 ⭐

토끼는 항문에서 나온 자기 똥을 받아 먹어

이거야말로 궁극의 친환경 아냐?

오물오물
오물오물

토끼는 자기 똥을 먹어요. 그것도 엉덩이에 입을 대고 직접 먹지요. '저렇게 귀여운 토끼가 어떻게 그럴 수 있지?' 하고 믿기지 않아서 입이 다물어지지 않아요. 사실 자기 똥을 먹는 동물은 토끼 말고 또 있어요. 토끼처럼 풀만 먹는 초식 동물의 위장에는 풀을 분해하는 박테리아*가 살고 있어요. 풀을 분해하느라 많이 늘어난 박테리아는 똥과 함께 밖으로 나오는데, 이걸 먹으면 단백질 같은 영양분을 섭취할 수 있답니다.

다행히 모든 똥을 먹는 건 아니에요. 일반적인 똥은 색깔이 연하고 부슬부슬한 알갱이처럼 생겼다면, 먹는 똥은 끈적하고 검은콩처럼 생겼다고 해요.

| 프로필  포유류 | ○ 이름: 토끼 > 굴토끼
○ 영어명: Rabbit > European rabbit
○ 서식지: 유럽과 아프리카의 숲이나 초원 | ○ 크기: 몸길이 43cm
○ 특징: 구멍 파기가 특기다. |

*세균, 눈에 보이지 않을 정도로 작다.

안타까운 정도 ★★

개미귀신은 아무리 먹어도 똥을 싸지 않아

이름만 들어도 오싹한 개미귀신. 실제 행동은 더 오싹해요.
개미귀신은 모래땅에 절구 모양의 함정을 만들어요. 그리고 함정에 먹이가 빠지면 그 몸속에 소화액을 집어넣어 내장을 흐물흐물하게 녹여서 먹지요.
소름 끼칠 정도로 무서운 방법이지만, 이렇게 마냥 기다려서는 먹이를 구하지 못하는 날이 더 많아요. 그러다 보니 귀한 먹이를 낭비하고 싶지 않은지, 개미귀신은 똥을 누지 않아요. 엉덩이 구멍은 거의 막혀 있고요.
그렇다고 몸속에 똥이 없는 건 아니에요. 애벌레인 개미귀신이 어른벌레인 명주잠자리가 되면 몸속에 쌓여 있던 똥을 내보내 몸을 가볍게 만들고 하늘로 날아오른답니다.

프로필 곤충류
- 이름 : 개미귀신(명주잠자리)
- 영어명 : Antlion
- 서식지 : 하천 변이나 산기슭의 모래밭
- 크기 : 앞날개 길이 4cm
- 특징 : 뒤쪽으로만 나아갈 수 있다.

안타까운 정도 ★★★

개개비는 속아서 새끼 뻐꾸기를 키워

우리 애는 누굴 닮았을까.

뻐꾸기는 자기 새끼를 직접 키우지 않아요. 대신 잠시 둥지를 비운 개개비의 둥지에 몰래 알을 낳고 어디론가 사라지지요. 아무것도 모르는 개개비는 자기 알과 같이 뻐꾸기 알을 품어서 부화시켜요. 이 정도라면 흐뭇한 이야기가 될 수도 있어요. 문제는 새끼 뻐꾸기가 등에 닿는 물체를 밀어내는 습성이 있다는 거예요. 그래서 맨 먼저 알에서 부화하면 나머지 알들을 둥지에서 밀어내지요. 개개비 알은 모두 떨어져서 깨지고, 뻐꾸기는 외동이 되어서 개개비 어미가 주는 먹이를 독차지해 버려요. 아무것도 모르는 개개비 어미는 자기 새끼들이 죽은지도 모른 채, 원수인 새끼 뻐꾸기를 열심히 키운답니다.

프로필 조류	○ 이름 : 개개비 ○ 영어명 : Oriental reed warbler ○ 서식지 : 아프리카와 유라시아의 숲	○ 크기 : 몸길이 19cm ○ 특징 : 가끔 뻐꾸기 알인 걸 알아차리는 개개비도 있다.

안타까운 정도 ★★★

말레이시아개미는
적을 쫓아내기 위해
자폭해

필살!

이판사판 공격!

말레이시아개미는 '폭탄개미'라고도 하는데, 이름처럼 '폭탄'을 가지고 있어서예요. 머리에서 배에 걸쳐 몸속에 독액이 빵빵하게 든 주머니가 있지요. 적의 습격을 받으면 그 주머니를 터트려서 굴을 지켜요. 끈적끈적한 독은 한번 닿으면 벗어날 수가 없어서, 적은 그대로 목숨을 잃어요. 그런데 말레이시아개미도 무사하지는 않아요. 배에 구멍이 뚫려서 그대로 숨이 끊어진답니다. 그래서 적과 싸우다 결국 질 것 같다는 판단이 들 때만 폭탄을 터트려요. 그야말로 이판사판 비밀 병기인 셈이에요.

프로필 곤충류	
○ 이름 : 말레이시아개미	○ 크기 : 몸길이 6mm
○ 영어명 : Malaysian exploding ant	○ 특징 : 독액은 우기에는 하얀색이고, 건기에는 크림색이다.
○ 서식지 : 말레이시아, 브루나이의 숲	

안타까운 정도 ★★★

어떤 하루살이는 어른이 되고 겨우 2시간만 살아

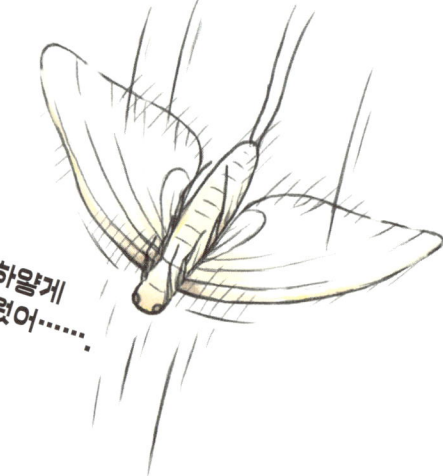

하얗게 불태웠어……

기껏 태어났는데, 겨우 하루밖에 살지 못하면 삶이 얼마나 허무할까요? 그런 삶을 사는 곤충이 있으니, 바로 하루살이예요. 심지어 어른벌레는 입이 없어서 물도 마시지 못해요. 오래 산다고 해도 일주일을 넘기지 못하고 죽어 버리지요.

얼마 살지 못하는 하루살이 중에서도 흰하루살이는 어른이 되고 보내는 기간이 특히 짧아요. 놀랍게도 2시간도 살지 못한다고 해요.

그래서 흰하루살이는 한꺼번에 부화해요. 타이밍이 어긋나면 짝짓기를 하기도 전에 생명이 다하기 때문이에요. 흰하루살이가 어마어마하게 많이 부화할 때는 그 위를 지나가는 차가 미끄러져 교통사고가 나는 일도 있다고 해요.

프로필 곤충류

- 이름 : 하루살이 > 흰하루살이
- 영어명 : Mayfly > Ephoron shigae
- 서식지 : 동아시아의 하천
- 크기 : 몸길이 1.5cm
- 특징 : 애벌레일 때는 강바닥에서 산다.

안타까운 정도 ★★

아프리카알뱀은 새의 알만 먹어

나는야 새알 킬러.

독니가 없는 뱀은 많지만, 특이하게도 아프리카알뱀은 이빨이 하나도 없어요. 새의 알을 너무 좋아한 탓에, 알을 먹는 데 필요 없는 이빨이 퇴화한 거예요. 이빨도 없이 알을 어떻게 먹느냐고요? 일단 알을 통째로 삼켜요. 그러면 알이 식도를 지날 때 목 안에 있는 돌기가 껍데기를 살짝 부수거든요. 그다음 몸을 비틀어 몸속에서 알을 으깨지요. 그러고는 내용물만 뱃속으로 흘려보내고 껍데기는 입으로 토해 낸답니다.

그런데 새가 일 년 내내 알을 낳는 건 아니에요. 알을 낳는 시기는 일 년에 몇 달밖에 되지 않아요. 독도 없고 전투력도 낮은 아프리카알뱀은 가엾게도 먹이를 구하지 못할 때는 적을 피해만 다니면서 굶주림을 견뎌야 해요.

 프로필 파충류
○ 이름: 아프리카알뱀
○ 영어명: Egg-eater snake
○ 서식지: 아프리카 사하라 남쪽의 숲
○ 크기: 몸길이 100~120cm
○ 특징: 쉬익쉬익 하는 소리로 적을 위협한다.

95

안타까운 정도 ★★

북극땅다람쥐는 1년의 절반 이상은 잠을 자

겨울잠을 자는 동물은 사계절이 있는 지역에 살아요. 다른 계절에 활동하다가 먹이를 구하기 어려운 겨울이 오면 잠을 자면서 에너지를 아끼는 거예요. 북극땅다람쥐는 일 년 내내 추운 북극에 살아요. 그래서 1년 중에 8개월 동안 굴에서 겨울잠을 자기도 해요. 동물계의 집순이라고 해도 되겠지요?

그런데 사실 겨울 동안 먹을 먹이를 직접 모아 놔야 해요. 그래서 짧은 여름 동안 출산과 육아를 마친 뒤, 서둘러 굴에 먹이를 모으지요. 다른 관점에서 보면 북극땅다람쥐는 일을 재빨리 처리하는 우수한 영업 사원 타입이라고 할 수 있겠어요.

| 프로필 |  포유류 | ○ 이름 : 북극땅다람쥐
○ 영어명 : Arctic ground squirrel
○ 서식지 : 북극 지역의 풀밭 | ○ 크기 : 몸길이 35cm
○ 특징 : 포유류 중에서 겨울잠 기간이 제일 길다. |

안타까운 정도 ★★

멍게는 새끼 때 헤엄칠 수 있지만 어른이 되면 못 움직여

그러고 보니 나도 어릴 땐 수영 좀 했는데…….

자유다!

올챙이와 비슷하게 생긴 새끼 멍게는 꼬리를 흔들며 헤엄칠 수 있어요. 그러다 자리 잡기 좋은 바위를 발견하면, 튀어나온 곳을 찾아 달라붙어서 변태*를 해요. 어른이 된 멍게는 바위에 달라붙어서 다시는 움직이지 않아요. 항아리처럼 생긴 몸에 바닷물을 저장하고, 오직 영양분을 흡수하는 것에 평생을 바친답니다.
계속 헤엄치며 살면 될 것 같은데, 알고 보면 새끼 멍게에겐 입이 없어요. 그래서 빨리 어른으로 탈바꿈하지 않으면 굶어 죽고 말지요.

| 프로필 | 멍게류 | ○ 이름 : 멍게(우렁쉥이)
○ 영어명 : Sea squirt
○ 서식지 : 동아시아의 연안 | ○ 크기 : 몸길이 15cm
○ 특징 : 수컷과 암컷의 생식 기관을 모두 가지고 있는 자웅동체다. |

*곤충이나 갑각류가 모습을 바꾸면서 성장하는 것.

안타까운 정도 ★★★

주머니쥐는 적의 습격을 받으면 죽은 척해

곰을 만나면 죽은 척하면 된다는 말은 널리 알려진 거짓말이에요. 그런데 주머니쥐는 이 전략을 살아남기 위한 비장의 카드로 쓰고 있어요. 적에게 물려도 반응하지 않고, 썩은 냄새까지 내보내는 훌륭한 배우거든요. 아카데미 주연상 후보에 올리고 싶을 만큼 어마어마한 연기력을 자랑하지요.

주머니쥐의 적인 코요테나 짧은꼬리살쾡이는 썩은 고기를 좋아하지 않아요. 그래서 상대가 죽었다고 생각하면 금세 관심이 없어지지요.

다만, 상대가 배고플 때는 이 방법이 통하지 않아서 잡아먹히게 돼요. 죽은 척을 했을 뿐인데 진짜로 죽는 거예요. 동물의 세계는 이런 잔머리가 계속 통할 만큼 호락호락하진 않답니다.

포유류

- 이름 : 주머니쥐 > 버지니아주머니쥐
- 영어명 : Opossum > Virginia opossum
- 서식지 : 북아메리카의 숲
- 크기 : 몸길이 40cm
- 특징 : 포유류 중에서 가장 새끼를 많이 낳는다.

안타까운 정도 ★★

수컷 춤파리는 암컷에게 빈 상자를 선물하기도 해

어머나, 고마워라.

이거 선물이야.

(안에는 텅 비었지만.)

춤파리의 구애 행동은 무척 독특해요. 일단 무도회를 열고 수컷이 춤을 추듯 날아다니며 짝짓기 상대를 찾아요. 그러다 마음에 든 암컷한테 선물(벌레)을 주며 구애해요. 심지어 앞발에서 나오는 실로 예쁘게 둘둘 감아서 주는 종도 있어요. 그런데 그중에는 교활한 춤파리도 있어요. 암컷한테 아무것도 들어 있지 않은 선물을 주는 거예요. 그러곤 암컷이 선물을 펼치는 틈을 타서 재빨리 짝짓기하는 거지요.

그 사실을 알아차렸을 때는 이미 때가 늦어요. 암컷이 선물을 펼쳤을 즈음, 수컷은 작별 인사를 하고 떠난 뒤니까요.

| 프로필 | 곤충류 | ○ 이름 : 춤파리
○ 영어명 : Dance fly
○ 서식지 : 북아메리카의 숲 | ○ 크기 : 몸길이 1cm
○ 특징 : 자기 몸보다 큰 물건을 선물하기도 한다. |

안타까운 정도 ★★★

암컷 도롱이벌레는 평생을 도롱이 안에서 살아

> 바깥 세계는 알고 싶지 않아.

나뭇가지에 매달려 지내는 도롱이벌레는 주머니나방의 애벌레예요. 수컷은 도롱이 안에서 자라 어른이 되면 암컷을 찾아 날아가요. 하지만 암컷은 어른이 되어도 날개가 자라지 않아요. 도롱이 안에 틀어박힌 채 평생 밖으로 나가지 않지요. 암컷은 수컷과 짝짓기를 한 뒤, 도롱이 안에서 알을 낳아요. 그러곤 애벌레가 부화할 무렵에 구멍으로 빠져나와 땅으로 툭 떨어져서 죽음을 맞지요.

도롱이벌레의 도롱이는 주로 마른 잎이나 작은 나뭇가지로 되어 있어요. 그런데 털실이나 작게 자른 색종이를 애벌레에게 주면, 자기 취향에 맞는 특별한 도롱이벌레를 만들 수도 있답니다.

프로필 곤충류
- 이름 : 도롱이벌레(남방차주머니나방)
- 영어명 : Bagworm moth
- 서식지 : 한국과 일본의 숲
- 크기 : 앞날개 길이 1.7cm(수컷)
- 특징 : 애벌레가 마른 잎이나 작은 나뭇가지로 도롱이를 만든다.

안타까운 정도 ★★

큰남생이잎벌레는 똥으로 적을 물리쳐

대부분의 곤충은 애벌레에서 탈피할 때 허물을 벗어 버리지만, 큰남생이잎벌레는 달라요. 오래된 허물을 계속 뒤집어쓸 뿐만 아니라 그 위에 끊임없이 자기 똥을 올리거든요. 그래서 곤충이 아니라 똥 덩어리로밖에 보이지 않아요.
얼굴을 찌푸릴 만큼 더럽긴 하지만 한 가지 이점이 있어요. 위에서 보면 새똥이나 쓰레기로 보여서, 적에게 잘 들키지 않거든요. 그런데도 들켰을 때는 등에 잔뜩 쌓인 똥을 마구 흔들며 죽을힘을 다해 싸운답니다. 아무래도 큰남생이잎벌레 애벌레는 똥에 살고 똥에 죽는 삶을 살 수밖에 없겠어요.

프로필 곤충류
- 이름 : 큰남생이잎벌레
- 영어명 : Thlaspida cribrosa
- 서식지 : 아시아의 숲
- 크기 : 몸길이 8mm
- 특징 : 어른벌레는 온몸이 반투명한 등딱지로 뒤덮여 있다.

안타까운 정도 ★★★

17년 매미는 부화할 해를 잘못 알면 외로워하다가 죽어

이럴 수가! 아무도 없잖아!

매미는 종류가 몇 가지 되는데, 그중 17년 매미는 이름처럼 17년에 한 번 아주 많이 생겨요. 짝짓기해서 알을 낳으면, 알에서 태어난 애벌레는 17년간 땅속에서 지내지요.

따라서 어느 해에 17년 매미가 어른벌레로 나타나면, 그 후로 16년간 볼 수 없어요. 해마다 나타나는 곤충이 아니기 때문에 17년 매미를 노렸다가 잡아먹는 동물도 없지요. 한꺼번에 부화해서 적에게 잡아먹힐 위험이 낮아지는 거예요.

그런데 만일 깜빡하고 부화할 해를 잘못 알면 커다란 비극이 기다리고 있어요. 아무리 울어도 친구를 만나지 못한 채, 허무하게 적에게 잡아먹히는 거지요.

프로필 곤충류
- 이름 : 17년 매미
- 영어명 : Periodical cicadas
- 서식지 : 북아메리카의 숲
- 크기 : 몸길이 2cm
- 특징 : 눈이 빨갛다.

안타까운 정도 ★★★

동갈치는 빛을 좋아해서 밤이 되면 배로 뛰어들어

어라? 여기가 아니네!

동갈치는 몸이 가늘고 길며, 주둥이 끝이 화살처럼 뾰족한 물고기예요. 빛을 보면, 그쪽을 향해 돌진하지 않고는 견디지 못하는 습성이 있어요. 아마 먹이라고 착각하는 것 같아요. 동갈치가 먹는 작은 물고기들이 수면에서 헤엄칠 때는 햇빛을 반사해 반짝반짝 빛나거든요.

낚싯배가 밤에 바다에 나가면, 동갈치가 배의 불빛을 향해 화살처럼 날아오르기도 해요. 동갈치의 주둥이에 찔린 사람이 피를 많이 흘려 사망하는 사고도 있어서, 어부들은 상어보다 동갈치를 더 무서워하지요. 만에 하나 동갈치의 주둥이에 찔리면 억지로 빼내려 하지 말고 곧바로 병원으로 가세요!

프로필	 어류	○ 이름 : 동갈치 ○ 영어명 : Pacific needlefish ○ 서식지 : 태평양 서부의 온대 바다	○ 크기 : 몸길이 1m ○ 특징 : 뼈가 파란색이나 초록색이다.

안타까운 정도 ★★★

곰개미는 다른 개미의 노예가 되기 일쑤야

빨리 먹이를 가져와!

빨리, 빨리!

우리…… 친구 맞지?

곰개미는 집 근처 풀밭이나 놀이터에서 가장 쉽게 볼 수 있는 개미예요. 개체 수도 많고, 누구보다 성실하며 부지런히 일하는 걸로 유명해요. 그런데 전투 능력이 낮아서 쉽게 다른 개미들의 노예가 되고 만답니다.

예를 들어 사무라이개미는 싸움은 잘하지만 굴 안에서 일하는 능력은 없어요. 그래서 곰개미 굴에 쳐들어가 힘으로 번데기나 애벌레를 빼앗아 와서 부화시켜요. 사무라이개미 굴에서 부화한 곰개미는 그곳을 자신의 집이라고 착각해서, 자신을 납치한 적을 위해 평생 열심히 일하게 돼요. 마찬가지로 분개미 굴에서도 성실하게 일하는 곰개미가 발견된다고 하네요.

  곤충류

- 이름 : 곰개미
- 영어명 : Formica japonica
- 서식지 : 동아시아의 풀밭
- 크기 : 몸길이 5mm(일개미)
- 특징 : 하나의 굴에 여왕개미가 몇 마리 있는 경우가 많다.

안타까운 정도 ★★

딱따구리는 머리에 차가 부딪히는 정도의 충격을 받아

딱따구리가 부리로 나무를 콕콕 찍어서 구멍을 뚫는 것은 워낙 유명하지요. 딱따구리는 먹이를 잡고, 둥지를 짓고, 자신의 영역을 알리기 위해 나무를 쪼아요. 이때 부리로 나무를 찍는 속도는 놀랍게도 1초에 20번, 다시 말해 0.05초에 한 번씩 나무를 쪼는 거예요.

그때 딱따구리 머리가 받는 힘은 중력의 1000배! 사람으로 치면 머리에 트럭이 부딪혔을 때와 비슷한 충격이라고 해요.

기다란 혀가 머리뼈를 감싸서 보호하고 뇌가 작아서 치명적인 손상은 받지 않는다고 하지만, 어쨌든 정말 안타까워요.

| 프로필 | 조류 | ○ 이름 : 딱따구리 > 오색딱따구리
○ 영어명 : Woodpecker > Great spotted woodpecker
○ 서식지 : 유라시아의 숲 | ○ 크기 : 몸길이 22cm
○ 특징 : 수컷의 뒷머리는 빨간 깃털로 뒤덮여 있다. |

안타까운 정도 ★★

고릴라는 섬세해서 스트레스 때문에 설사를 해

> 아아, 배가 살살 아프네.

험상궂은 외모와 달리 고릴라는 매우 섬세한 동물이에요. 지능도 워낙 높아서, 상대와 싸우다 다칠 바에야 웬만한 분노는 참을 만큼 현명하지요.

게다가 강한 스트레스를 받으면 겨드랑이 밑에서 냄새가 나거나 사람처럼 갑자기 설사를 하기도 해요. 그리고 이유는 잘 모르지만 자신이 설사한 똥을 먹는 이상한 습관이 있어요. 평소엔 똥을 먹지 않는 걸 보면 원인은 스트레스 때문인 것 같아요.

울퉁불퉁한 근육이 있어서 매우 강해 보이지만, 고릴라의 마음은 아주 무르답니다. 늘 심각한 표정을 짓고 있는 건 고민이 끊이지 않기 때문인가 봐요.

프로필	 포유류	
	○ 이름 : 고릴라 > 서부고릴라	○ 크기 : 몸길이 1.6m
	○ 영어명 : Gorilla > Western gorilla	○ 특징 : 상대를 위협할 때는 소리를 지르며 두 손으로 가슴을 때린다.
	○ 서식지 : 아프리카 서부의 숲	

안타까운 정도 ⭐⭐

군함조는 다른 새에게서 먹이를 훔쳐야만 살아

새 이름이 군함조라니, 엄청 힘도 세고 잘 싸울 것 같지요? 이 이름은 실제로 군함조가 다른 새를 습격하는 모습을 보고 지어졌다고 해요.
군함조는 바다 위를 순찰하다가 물고기를 잡은 새를 발견하면 악착같이 따라가서 토해 내게 해요. 새는 이빨이 없어서 물고기를 형태 그대로 꿀꺽 삼키는데, 그렇게 토해 낸 물고기를 군함조가 재빨리 뺏어 먹는 거예요.
군함조에게도 그럴 만한 사정이 있어요. 바닷새인데도 헤엄칠 수도, 물 위에 뜰 수도 없거든요. 물고기를 잡으려면 수면에 닿을락 말락 날아야 하는데, 군함조한테 그건 매우 위험한 일이에요. 그래서 다른 새가 잡은 먹이를 가로채지 않으면 배불리 먹을 수 없는 운명이지요.

프로필
조류

- 이름 : 군함조 > 큰군함조
- 영어명 : Frigatebird > Great frigatebird
- 서식지 : 태평양과 인도양의 열대와 아열대 지역
- 크기 : 몸길이 90cm
- 특징 : 수컷의 턱 밑에는 빨간 주머니가 있다.

안타까운 정도 ★★

소는 하루에 180리터의 침을 흘려

> 음매~
> 먹느라 침 흘리느라 바빠.

소의 위는 네 개의 방으로 나뉘어져 있어요. 소는 풀을 먹으면 위에서 한 번 발효시켜 입으로 되돌려 보내고, 침과 섞은 뒤에 다시 삼켜서 소화해요. 이를 '되새김질'이라고 해요.

식물은 발효하면 산성이 되기 때문에, 그대로 먹으면 내장이 상할 수밖에 없어요. 그래서 알칼리성인 침으로 중화해서 먹는 거예요. 한마디로 말하면, 침을 이용해 위의 상태를 정돈하는 거지요.

소가 먹는 풀의 양은 하루에 60킬로그램! 이 정도 양을 먹고 소화시키려면 매일 2리터짜리 페트병 90개 분량의 침을 흘려야 한답니다.

프로필  포유류	○ 이름 : 소 ○ 영어명 : Cattle ○ 서식지 : 전 세계에서 가축으로 기르고 있다.	○ 크기 : 어깨 높이 1.4m ○ 특징 : 소마다 콧구멍 주변 피부의 주름, 무늬가 다르다.

안타까운 정도 ★★★

배추흰나비 애벌레는 밥을 먹다 천적의 습격을 받아

"찾았지롱!"

아삭아삭 맛있는 양배추, 그런데 대부분 벌레는 양배추를 먹지 않아요. 양배추에는 벌레가 맛없다고 느끼는 성분이 들어 있기 때문이에요. 하지만 배추흰나비의 애벌레만은 양배추 잎을 아주아주 좋아해요. 덕분에 양배추를 독차지할 수 있지요.

그렇다고 양배추가 순순히 먹히지만은 않아요. 배추흰나비 애벌레가 잎을 갉아 먹으면 특별한 냄새를 내보내서, 애벌레에 알을 낳는 기생벌을 불러들이지요. 양배추 밭에서 배추흰나비가 나풀나풀 춤추는 모습은 아주 평화롭게 보이지만, 사실 그 안에선 치열한 전쟁이 벌어지고 있답니다.

프로필

곤충류

- 이름 : 배추흰나비
- 영어명 : Cabbage white
- 서식지 : 온대에서 아열대에 걸친 농경지
- 크기 : 앞날개 길이 2.5cm
- 특징 : 자외선을 받으면 수컷의 날개가 검게 보인다.

안타까운 정도 ★★

뿔소똥구리 어미와 새끼는 똥을 먹어

아가야, 많이 먹으렴.

똥

곤충 대부분은 애벌레에서 번데기를 거쳐 어른벌레가 될 때 몸의 구조가 완전히 바뀌어요. 보통은 먹이도 달라지는데, 뿔소똥구리의 애벌레와 어른벌레는 같은 걸 먹어요. 바로 똥이에요. 그래서 '똥벌레'라는 별명이 있답니다.
애초에 똥은 영양가가 별로 없어요. 먹이를 소화시키고 남은 찌꺼기이기 때문이에요. 그래서 뿔소똥구리는 엄청나게 많은 양의 똥을 먹어서 영양을 보충하는 방법을 택했어요. 똥을 먹는 다른 곤충은 없으니까 마음껏 얼마든지 먹을 수 있거든요. 그런데 가끔은 똥벌레끼리 똥을 둘러싸고 쟁탈전을 벌이기도 하지요.

프로필

곤충류

- 이름 : 뿔소똥구리
- 영어명 : Copris ochus
- 서식지 : 동아시아의 목장
- 크기 : 몸길이 2.6cm
- 특징 : 소화, 흡수가 뛰어난 소화관을 가지고 있는데, 몸길이의 10배나 된다.

안타까운 정도 ★★★

수컷 물장군은 알을 지키고 암컷은 알을 죽이려 해

생물의 세계에서 알을 지키는 것은 거의 암컷이에요. 그런데 물장군은 보기 드물게 수컷이 알을 지켜요. 실제로 암컷은 알을 낳은 후에 어디론가 가 버려요. 그 틈을 노리고 아직 알을 낳지 않은 새로운 암컷이 다가오지요. 그러고는 수컷이 지키고 있는 알을 죽이고, 그 수컷과 짝짓기를 하려고 해요. 알을 지키는 수컷은 알이 사라지지 않는 한 짝짓기를 하지 않기 때문이에요.

수컷은 당연히 강력하게 저항해요. 하지만 물장군은 암컷이 더 크기 때문에 결국 항복할 수밖에 없답니다. 알을 잃은 수컷은 아무 일도 없었던 것처럼 새끼의 원수인 암컷과 짝짓기를 하지요. 그러고는 그렇게 태어난 알을 또 지켜요.

프로필

곤충류

- 이름 : 물장군
- 영어명 : Giant water bug
- 서식지 : 동아시아의 연못이나 논
- 크기 : 몸길이 5.6cm
- 특징 : 입으로 먹이를 찔러 소화액을 주입한 뒤, 녹여서 먹는다.

안타까운 정도 ★★★

티베트원숭이는 새끼가 어른의 싸움을 화해시켜

티베트원숭이는 성격이 몹시 거칠어서, 툭하면 수컷끼리 싸우곤 해요. 치열한 싸움 끝에 패배한 수컷은 사과해서 용서를 받으려 해요. 하지만 상대의 분노가 풀리지 않으면 쉽게 용서받을 수 없지요.

그럴 때는 상대의 분노를 가라앉히기 위해 무리 안에서 귀여운 새끼를 데려와요. 티베트원숭이 수컷은 새끼를 너무너무 좋아해서, 귀여운 새끼를 보면 저도 모르게 표정이 부드러워지거든요.

그렇게 해서 분위기가 좋아졌을 때, 두 수컷이 새끼를 높이 들어 올리며 어르는 '브리징'을 해야만 겨우 화해가 이루어진답니다.

프로필 — 포유류
- 이름: 티베트원숭이
- 영어명: Tibetan macaque
- 서식지: 티베트 동부와 중국의 산지
- 크기: 몸길이 60cm
- 특징: 온몸에 긴 갈색 털이 있고 얼굴에만 없다.

안타까운 정도 ★★★

돌고래는 잠들면 물에 빠져

꿈을 꾸면 행복할까?

돌고래는 사람과 같은 포유류예요. 포유류라면 육지에서도 살아야 하지만, 돌고래는 이미 물속 생활에 적응해 육지에서는 살 수 없어요. 그런데 동시에 물속에서 물고기처럼 아가미 호흡을 할 수 없어요. 가끔 머리 꼭대기에 있는 콧구멍을 물 위로 내밀어 숨을 쉬지요. 그래서 돌고래는 완전히 잠들어 버리면 물에 빠져서 죽게 돼요. 그렇다고 잠을 전혀 자지 않는 건 아니에요. 돌고래는 수면 근처에서 천천히 헤엄치며 몇 분마다 번갈아 눈을 감아서, 뇌를 절반씩 쉬게 할 수 있어요. 편안히 자는 건 아니지만, 그래도 이런 식으로 겨우겨우 자고 있어요. 놀랍게도 이걸 하루에 300번 넘게 반복하고 있다고 해요!

| 프로필  포유류 | ○ 이름 : 돌고래 > 남방큰돌고래
○ 영어명 : Dolphin > Indo-Pacific bottlenose dolphin
○ 서식지 : 태평양과 인도양의 아열대 및 온대 바다 | ○ 크기 : 몸길이 2.5m
○ 특징 : 초음파를 발사해서 주위 상황을 탐색한다. |

안타까운 정도 ★★★

수컷 사마귀는 암컷에게 잡아 먹히곤 해

"난 먹이가 아니라니깨!"

사마귀는 매우 공격적인 곤충이에요. 눈앞에 자기보다 작은 물체가 움직이면 적과 아군을 가리지 않고 일단 공격해요.
그래서 몸집이 작은 수컷이 암컷한테 다가가는 건 매우 위험한 일이에요. 짝짓기하려고 암컷한테 다가갔다가 종종 잡아먹히기도 하지요. 가끔은 짝짓기하는 도중에 머리부터 잡아먹히기도 해요. 그런데 사마귀류의 수컷은 머리를 잡아먹힌 상태에서도 짝짓기할 수 있답니다. 이렇게 악착스럽고 지독한 곤충이 또 있을까요? 그런데 정말 운이 나쁜 수컷은 짝짓기도 하기 전에 잡아먹혀서 목적을 달성하지 못한 채 허무하게 죽기도 해요.

프로필	곤충류	○ 이름 : 사마귀 > 왕사마귀 ○ 영어명 : Mantis > Chinese mantis ○ 서식지 : 아시아의 풀밭	○ 크기 : 몸길이 8cm ○ 특징 : 뒷날개는 거무스름한 색을 띤다.

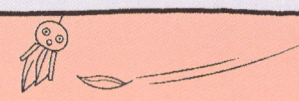

안타까운 정도 ★★★

벌새는 꿀을 계속 먹지 않으면 굶어 죽어

맛있다! 배고파!

맛있다! 하지만 배고파!

배고파! 맛있어!

세상에서 가장 작은 새는 벌새예요. 그중 꼬마벌새는 유난히 작아서, 몸길이는 약 5센티미터, 체중은 2그램밖에 되지 않아요. 각설탕 1개의 무게보다 더 가볍지요. 벌새라는 이름을 붙인 이유는 벌처럼 공중에서 날면서 정지할 수 있기 때문이에요. 그런데 공중에서 정지하기 위해서는 1초에 60번이 넘게 초고속으로 날갯짓을 해야 해요. 그러려면 엄청난 에너지가 필요하기 때문에, 열량이 높고 소화가 잘되는 꽃꿀을 하루 종일 먹어야 살아남을 수 있답니다. 체중으로 비교하면 사람의 50배나 되는 칼로리를 섭취해야 하는 거예요. 이럴 바에는 차라리 새를 그만두고 벌이 되는 게 더 편하지 않을까요?

 프로필 조류

- 이름 : 벌새 > 꼬마벌새
- 영어명 : Hummingbird > Bee Hummingbird
- 서식지 : 쿠바의 숲
- 크기 : 몸길이 5cm
- 특징 : 조류 중 알이 가장 작고 가볍다. (크기는 6.5mm, 무게는 0.3g.)

안타까운 정도 ⭐⭐

코알라는 먹이에 들어 있는 맹독 때문에 하루 종일 잠을 자

코알라는 보기만 해도 마음이 편안해지는 동물이에요. 하루 종일 나무에 매달려서 자는 걸로 유명하지요. 코알라의 명예를 위해 말하자면, 결코 게을러서 그런 건 아니에요. 다 특별한 이유가 있답니다.

코알라의 주식인 유칼리나무 잎에는 시안화 수소나 타닌 같은 성분이 들어 있어요. 벌레를 죽이는 약으로 사용할 만큼 무서운 독이에요. 이 잎을 먹는 동물은 코알라 말고는 없을 거예요. 그래서 코알라는 생존 경쟁에서 살아남았지요.

그런데 먹을 수 있다고 해도 독은 독이에요. 유칼리나무 잎은 영양가가 별로 없을 뿐만 아니라 해독을 위한 에너지가 많이 필요해요. 그래서 코알라는 하루 종일 잠을 자며 에너지를 절약하게 된 거예요.

포유류

- 이름 : 코알라
- 영어명 : Koala
- 서식지 : 호주 동부의 숲
- 크기 : 몸길이 75cm
- 특징 : 새끼는 이유식으로 어미의 똥을 먹는다.

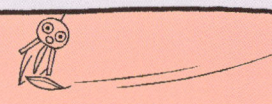

안타까운 정도 ★★★

사막메뚜기는 친구끼리 서로 잡아먹어

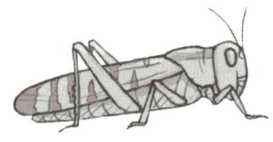

저 녀석, 맛있어 보이는데?

혹시 아프리카에 엄청난 메뚜기 떼가 생겨나 식량을 전부 먹어 버렸다는 얘기를 들은 적이 있나요? 그 메뚜기가 바로 사막메뚜기예요.

사막메뚜기는 종종 기이하리만큼 어마어마하게 생겨나, 사람들을 공포와 위기에 빠뜨려 왔어요. 그 규모는 최대 10억 마리에 이르러, 주변 식물이나 농작물을 눈 깜짝할 사이에 먹어 치우지요. 먹이를 찾아서 5000킬로미터나 되는 거리를 이동하는 중에도 짝짓기와 산란을 반복해서 숫자는 폭발적으로 늘어나요.

그런데 먹이를 찾지 못하면 서로 잡아먹기 시작해서, 자연스럽게 숫자가 줄어들어요. 이때 태어난 세대는 식물을 거의 먹지 못하고, 오직 친구끼리 잡아먹는 처참한 운명을 맞지요.

프로필 곤충류
- 이름 : 사막메뚜기
- 영어명 : Desert locust
- 서식지 : 서아프리카에서 남아시아에 걸친 풀밭
- 크기 : 몸길이 5cm
- 특징 : 매일 자기 체중과 같은 양의 식물을 먹는다.

안타까운 정도 ⭐

해로새우는 평생 우리 안에서 살아

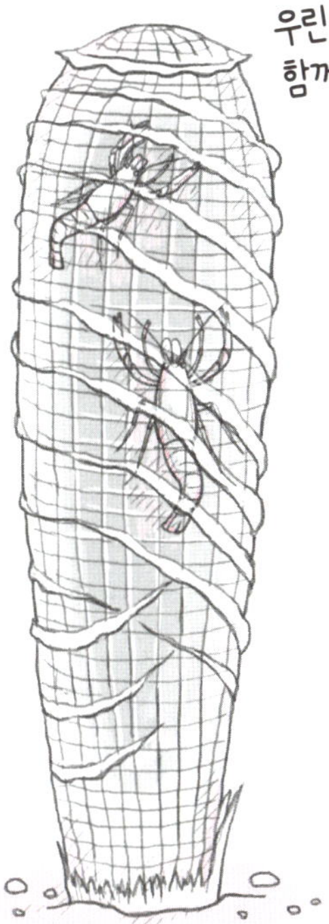

우린 영원히 함께야.♡

못 나가~.
안 나가~.

바다 밑바닥에는 마치 유리로 만든 조각처럼 생긴 해로동굴해면이라는 해면동물이 있어요. 그 안에서 평생 사는 것이 해로새우예요.

해로새우는 어렸을 때 두 마리가 쌍을 이루어 해로동굴해면 안으로 들어가요. 그리고 그 안에서 그대로 성장해서 자기 집으로 만들지요.

해로동굴해면은 해로새우에게 아주 좋은 집이에요. 단단해서 해로새우를 적으로부터 지켜 주고, 그물 모양에 달라붙은 플랑크톤은 해로새우의 먹이가 되거든요. 마치 고급 호텔처럼 쾌적한 공간이에요. 그런데 해로새우가 자라서 몸이 커지면 나가고 싶어도 나갈 수 없게 되니, 그 안에서만 살아야 한답니다.

프로필 갑각류	
○ 이름 : 해로새우	○ 크기 : 몸길이 2.2cm
○ 영어명 : Spongicola venusta	○ 특징 : 어른이 되고 나서 성별이 정해진다.
○ 서식지 : 한국, 일본 등 태평양의 바다 밑바닥	

안타까운 정도 ⭐

왕개미는 진딧물의 오줌을 아주 좋아해

맛만 있으면 어디서 나오든 상관없지.

진딧물은 사람 가까이에 사는 곤충이에요. 학교 화단에서도 흔히 볼 수 있지요. 보통 채소나 과일 이파리에 다닥다닥 달라붙어 즙을 쪽쪽 빨아 먹어요. 그러다 즙을 너무 많이 먹어서, 당분을 몸에 더 이상 저장할 수 없으면 소변으로 배출해요. 그런 진딧물에게 다가오는 곤충이 왕개미예요. 달콤함에 굶주린 왕개미는 진딧물의 엉덩이에 입을 대고 오줌을 꿀꺽꿀꺽 마셔요. 자연계에는 달콤한 것이 그만큼 귀하기 때문이지요.

그 보답으로 왕개미는 진딧물의 적을 멀리 쫓아 줘요. 이 정도면 오줌을 주고 고용한 경호원이라고 할 수 있겠어요.

| 프로필 | 곤충류 | ○ 이름: 왕개미
○ 영어명: Carpenter ant
○ 서식지: 세계 곳곳의 평지 | ○ 크기: 몸길이 1cm(일개미)
○ 특징: 깊이가 1~2m나 되는 큰 개미굴을 만든다. |

안타까운 정도 ★★

진딧물은 태어날 때부터 뱃속에 새끼가 있어

평생 엉덩이에 새끼를 달고 다녀야 하다니…….

진딧물의 암컷 애벌레는 태어날 때부터 뱃속에 새끼를 가지고 있어요. 그리고 어른벌레가 되면 뱃속에서 자란 새끼를 낳지요. 어미 진딧물 쪽에서 보면 새끼를 낳은 순간, 자기 새끼가 손녀를 임신한 것과 마찬가지예요. 이런 번식 방법으로 진딧물은 짧은 기간에 개체 수를 많이 늘릴 수 있어요.

이렇게 암컷 혼자 새끼를 낳기도 하지만 수컷이 나서서 번식을 하기도 해요. 가을에 암컷과 짝짓기를 해서 알을 낳게 하는 거예요. 이윽고 겨울의 추위를 견디고 알에서 새끼가 깨어나요. 수컷이 너무나 할 일이 없는 탓인지, 수컷의 수는 암컷에 비해 아주아주 적다고 해요.

| 프로필 | 곤충류 | ○ 이름 : 진딧물 > 찔레수염진딧물
○ 영어명 : Aphid > Rose aphid
○ 서식지 : 동아시아의 풀밭 | ○ 크기 : 몸길이 2mm
○ 특징 : 짝짓기하지 않고 낳으면 암컷,
짝짓기해서 낳은 알 일부만 수컷이다. |

안타까운 정도 ★★

맥은 엉덩이를 물에 담그지 않으면 똥을 쌀 수 없어

"내가 보기보다 꽤 예민하거든."

맥은 '물속에서 똥을 누는 동물'로 알려져 있어요. 호랑이처럼 무서운 적에게 똥이 발견되어서 습격당하는 일을 막기 위해서라고 해요.
물속에서 똥을 싸면 마치 욕조 안에 똥이 둥둥 떠 있는 것처럼 되지만 맥은 신경도 쓰지 않아요. 그런데 적이 없는 동물원에서도 물웅덩이가 없으면 똥을 쌀 수 없대요. 마음이 안정되지 않아서 그런가 봐요.
어느 동물원에서 계속 똥을 싸지 못해 변비 상태에 있던 맥의 엉덩이에 호스로 물을 뿌려 줬더니, 뱃속에 쌓여 있던 똥을 힘껏 발사했다고 해요.

| 프로필 |  포유류 | ○ 이름 : 맥 > 말레이맥
○ 영어명 : Tapir > Malayan tapir
○ 서식지 : 동남아시아의 숲 | ○ 크기 : 몸길이 2.3m
○ 특징 : 어릴 때는 몸에 줄무늬가 있다. |

안타까운 정도 ★★★

다랑어는 24시간 내내 헤엄치지 않으면 질식해

벌써 17만 시간째 헤엄치고 있어!

사람을 비롯한 포유류는 폐로 공기를 들여보내 호흡해요. 반면에 물에 사는 물고기는 아가미뚜껑을 열고 닫으며 아가미로 물을 보내서, 물속에 녹아 있는 산소를 흡수하지요. 그런데 참다랑어는 아가미뚜껑을 여닫지 않아요. 그 대신 입을 벌린 채 헤엄치면서, 입에서 아가미로 물을 보내 호흡해요. 참다랑어는 비슷한 크기의 다른 물고기에 비해 3배 빠른 속도로 헤엄쳐서 그만큼 산소가 많이 필요하답니다. 아가미뚜껑을 쓰는 방법으로는 충분한 산소를 얻을 수 없어요. 그래서 산소가 모자라 죽지 않으려면 계속해서 헤엄칠 수 밖에 없지요.

프로필 | 어류
- 이름 : 다랑어 > 참다랑어
- 영어명 : Tuna > Pacific bluefin tuna
- 서식지 : 태평양의 열대 바다와 온대 바다
- 크기 : 몸길이 2m
- 특징 : 체온이 주변의 수온보다 5~15℃ 높다.

안타까운 정도 ★★★

해달은 계속 먹지 않으면 얼어 죽어

나에게 다이어트는 독!

물 위에 둥둥 떠 있는 모습이 너무나 귀여운 해달. 어떻게 그토록 오랫동안 떠 있을까요? 그건 온몸에 8억 개나 되는, 기이할 정도로 많은 털 덕분이에요. 사람으로 비교하자면, 가로세로 1센티미터의 네모난 공간 안에 사람의 머리카락이 전부 자란 것만큼 밀도가 높아요. 털 사이사이에 공기가 쌓여 튜브 역할을 해서 해달이 물속에 가라앉지 않는 거예요.

털은 체온을 유지하는 역할도 해요. 언뜻 토실토실해 보이지만, 해달은 피부 아래 지방이 거의 없어 열 보존이 잘 안 돼요. 그래서 하루 동안 체중의 4분의 1만큼 먹이를 먹지 않으면 체온이 떨어져서 얼어 죽는다고 해요.

프로필	포유류	○이름 : 해달 ○영어명 : Sea otter ○서식지 : 북태평양 연안	○크기 : 몸길이 1.3m ○특징 : 물에 떠내려가지 않도록 해초를 몸에 감아 놓고 쉰다.

안타까운 정도 ★★

대머리앵무는 반질반질 대머리야

내 이름 누가 지었냐.

대머리앵무는 머리에 깃털이 없어서 주황색 피부가 그대로 보여요. 그래서 사람들이 대머리라고 놀리곤 하지요. 대머리독수리나 콘도르도 머리에 털이 없는 새예요. 이 새들은 짐승의 사체를 먹을 때 고기에 머리를 집어넣는데, 그러면 머리에 피나 지방이 말라붙어서 깃털이 없는 편이 청결하지요.

그런데 대머리앵무는 식물의 씨앗이나 열매만 먹어요. 굳이 대머리가 될 필요는 없어 보이지만, 또 다른 이유가 있답니다. 아마존의 열대 우림에는 지방이 듬뿍 든 커다란 열매가 많아요. 이런 열매에 머리를 집어넣고 마음껏 먹기 위해서는 역시 머리에 깃털이 없는 게 좋을 거예요.

프로필 조류
- 이름 : 대머리앵무
- 영어명 : Bald parrot
- 서식지 : 브라질의 열대 우림
- 크기 : 몸길이 23cm
- 특징 : 새끼는 대머리가 아니지만, 성장하면 머리의 깃털이 빠진다.

안타까운 정도 ⭐⭐

판다가 하루 종일 먹는 조릿대에는 영양분이 거의 없어

판다는 하루 종일 조릿대를 먹어요. 그런데 사실 조릿대는 영양분이 거의 없고 소화하기 힘든 음식이에요.

판다는 원래 곰의 일종에다 잡식성이라서, 짐승의 고기나 과일도 먹을 수 있어요. 그런데 아득한 옛날, 다른 곰들에게 쫓겨나 조릿대밖에 자라지 않는 높은 산에서 살게 되었어요. 생존 경쟁에서 밀려난 결과, 소화가 안 되는 조릿대를 하루 종일 어마어마하게 먹게 되었지요.

동물원에서는 판다에게 영양분이 있는 다른 먹이도 주고 있어요. 그런데도 조릿대를 먹는 것은 몸에 박힌 안타까운 습성이에요.

프로필

포유류

- 이름 : 판다 > 대왕판다
- 영어명 : Panda > Giant panda
- 서식지 : 중국 남서부의 산악 지역
- 크기 : 몸길이 1.2m
- 특징 : 손목에서 엄지처럼 튀어나온 뼈를 사용해서 조릿대를 잡는다.

진화 극장 ② 물고기를 너무너무 좋아한 바다표범

안녕하세요! 전 바다표범이에요.
수족관에서 꽤 인기가 있는 몸이지요.
재주를 부릴 수 있어서 항상 사람들이 제 앞에 몰려들거든요.
그뿐만이 아니에요. 전 사실 물고기 사냥의 달인이에요.
바닷속을 쉭쉭 재빨리 헤엄쳐서
입으로 물고기를 잡는 건 식은 죽 먹기지요.
그런데 머나먼 옛날, 저희 먼 조상은 육지에서 살았다고 하더라고요.
그런 조상님이 멀리 떨어진 바다까지 오게 된
사연을 알려 줄게요.

휘리릭 극장

 참갑오징어의 몸에는
비밀이 있어.

제4장
안타까운 능력

"왜 그런 일을 하지?"라고 묻고 싶은
도대체 이해할 수 없는 능력을 가진 생물들을 소개할게요.

안타까운 정도 ★★

솔레노돈의 독은 별로 의미 없어

멸종되기 싫어!

솔레노돈은 두더지의 친구예요. 포유류치고는 보기 드물게 독을 가지고 있어요. 사냥감을 물면 독이 든 침이 잇몸에서 새어 나오지요.
그런데 이 독을 쓰는 게 별로 의미 없어요. 솔레노돈의 먹이는 곤충이나 지렁이 같은 작은 생물이거든요. 독이 없어도 얼마든지 먹을 수 있으니까요. 더구나 솔레노돈이 사는 섬에는 천적도 별로 없어서, 스스로를 지키기 위해 독을 사용할 일도 없어요.
지금은 사람들이 섬에 데려간 개나 고양이에게 공격받을 때도 독이 아무런 도움이 되지 않아서, 조만간 멸종할 위기에 처했다고 해요.

 프로필 포유류

- 이름 : 솔레노돈 > 히스파니올라솔레노돈
- 영어명 : Solenodon > Hispaniolan solenodon
- 서식지 : 카리브해 아이티섬의 숲
- 크기 : 몸길이 60cm
- 특징 : 쥐와 비슷하게 생겼고 주둥이가 길다.

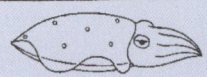

안타까운 정도 ★★★

거북개구리는 물에 들어가면 가라앉아

걸음도 좀 느려유…….

이름처럼 거북을 닮은 거북개구리는 개구리인데 점프할 수도, 헤엄칠 수도 없어요. 그 대신에 커다란 앞발로 구멍을 파서, 흰개미 굴에 들어가 흰개미를 잡아먹지요.

거북개구리는 물속이 아니라 땅속 깊숙한 곳에 알을 낳아요. 알은 지름이 0.7밀리미터쯤 되는데, 안에는 영양분이 듬뿍 들어 있어요. 거북개구리의 새끼인 올챙이는 이 영양분만으로 성장해서, 알에서 나올 무렵에는 이미 작은 개구리로 변태해 있지요.

사는 모습은 두더지랑 비슷하지만, 그래도 거북개구리는 어디까지나 개구리예요.

 양서류

- 이름 : 거북개구리
- 영어명 : Turtle frog
- 서식지 : 호주 서부의 땅속
- 크기 : 몸길이 4cm
- 특징 : 큰비가 그치면 땅 위로 올라와 짝짓기한다.

안타까운 정도 ★

무당벌레는 새가 토해 낼 만큼 맛없어

이 녀석은 쓰단 말이야.

빨간색이나 노란색 바탕에 검은색이나 흰색 물방울무늬가 알록달록한 귀여운 무당벌레. 봄부터 가을에 걸쳐 학교 화단에서도 쉽게 볼 수 있어요.
무당벌레는 강한 자극을 느끼면 몸에서 노란 액체를 내보내요. 그런데 이 액체는 진저리 칠 만큼 써서, 새도 토해 낼 정도예요. 맛없는 액체로 자신을 지키는 거지요.
무당벌레가 알록달록한 색을 띠고 있는 이유도 자신을 지키기 위해서예요. 일부러 적의 눈에 띄어서 "난 맛없는 개야!"라고 알려 주는 거지요. 그러고 보면 화려한 독버섯처럼 보이기도 해요.

프로필 곤충류	● 이름 : 무당벌레 > 칠성무당벌레	● 크기 : 몸길이 7mm
	● 영어명 : Ladybug > Seven-spot ladybug	● 특징 : 풀에 붙어 있는 진딧물을 잡아먹는다.
	● 서식지 : 북아프리카와 유라시아의 풀밭	

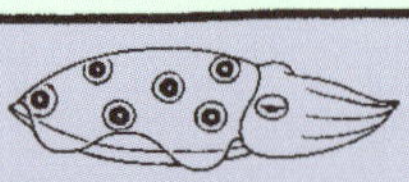

136

안타까운 정도 ⭐

코모도왕도마뱀의 입안은 아주 더러워

매너가 중요하단 건 나도 알지만……

동물은 양치질을 하지 않지만 입안은 의외로 청결해요. 먹이에 당분이 거의 없고, 날것을 잘 씹어서 먹기 때문이지요.

그런데 코모도왕도마뱀의 입안은 아주 불결해요. 그 입안에는 몇 종류의 '병원균'이 살고 있어요. 먹이를 덥석 깨물면, 그 균이 먹이의 몸속으로 들어가 질병을 일으킬 정도라고 해요.

또한 이빨 사이로 독을 흘려 보내, 균과 독을 절묘하게 이용해 먹이를 잡아요. 그래서 잡혔던 동물이 운 좋게 도망친다고 해도, 균과 독이 퍼져서 몇 시간 후에 죽는 일도 있어요.

| 프로필 | 파충류 | ● 이름 : 코모도왕도마뱀
● 영어명 : Komodo dragon
● 서식지 : 인도네시아 코모도섬 등의 숲 | ● 크기 : 몸길이 3m
● 특징 : 짝짓기하지 않고 암컷 혼자 번식하기도 한다. |

안타까운 정도 ★★

카멜레온의 색깔이 바뀌는 건 기분 탓이야

내 기분 어때 보여?

주변의 밝기에 맞춰서 눈 깜짝할 사이에 몸 색깔이 바뀌는 카멜레온. 사실 색이 바뀌는 건 그때의 기분 때문인 경우가 더 많다고 해요. 카멜레온의 눈을 가려도 계속해서 색이 바뀌는 게 그 증거지요.

카멜레온의 종류에 따라 바뀌는 색은 다르지만 더우면 희미한 색, 화가 나면 빨간색, 겁을 먹으면 회색이 된다고 해요. 이것만 보아도 색이 바뀌는 건 카멜레온의 기분과 깊은 관계가 있는 것 같아요.

푸릇푸릇한 숲속에 잘 숨었을 때 갑자기 화를 내면 빨갛게 변해서 적에게 들킬지도 몰라요.

프로필	파충류	
	● 이름 : 카멜레온 > 팬서카멜레온	● 크기 : 몸길이 40cm (수컷)
	● 영어명 : Chameleon > Panther chameleon	● 특징 : 머리에 달린 볏의 폭이 넓고 낮다.
	● 서식지 : 마다가스카르 북부의 숲	

안타까운 정도 ★★

참갑오징어는 선명한 색깔을 구분 못해

어? 내 색깔이 달라졌어?

참갑오징어는 몸 색깔이 순식간에 바뀌어서 '바다의 카멜레온'이라는 별명이 있어요. 참갑오징어의 피부에는 다양한 색소 세포가 있어요. 이를 근육으로 움직이거나 조합해서 빨간색, 노란색, 무지개 색까지 온갖 색깔을 재현할 수 있지요. 이 특수한 능력은 사냥하거나 적으로부터 몸을 지킬 때뿐 아니라, 동료끼리 의사소통할 때도 사용한다고 해요.

다만 참갑오징어의 눈은 색깔을 분별하지 못하고, 색깔이 짙은지 옅은지 정도만 구분하는 게 고작이에요. 아무리 색깔을 바꾼다 해도 참갑오징어가 보는 세계는 오직 파란색 하나뿐이라고 해요.

 프로필 두족류

- 이름 : 참갑오징어
- 영어명 : Golden cuttlefish
- 서식지 : 한국과 일본 연안, 남중국해
- 크기 : 몸통 길이 22cm
- 특징 : 칼슘으로 된 단단한 '갑'이 몸 안에 있다.

안타까운 정도 ★★

얼룩다람쥐의 꼬리는 쉽게 끊어지지만 재생되지는 않아

얼룩다람쥐는 복슬복슬한 꼬리로 나무 위에서 균형을 잡고, 꼬리를 담요 대신 껴안고 자기도 해요.
매우 편리한 꼬리이지만 놀랍게도 잡아당기면 간단히 빠지지요. 꼬리뼈 주변의 털과 피부가 쑥 빠지는 거예요. 다람쥐 종류가 공통적으로 보이는 특징이에요. 적의 습격을 받으면 꼬리를 버리고 도망치는 도마뱀과 똑같은 방어 방법이지요. 그런데 얼룩다람쥐의 꼬리는 거의 다시 자라나지 않아요. 혹시나 얼룩다람쥐를 만나 너무 반가운 나머지 꼬리를 잡으면 무서운 일이 벌어지니까 주의해야 해요!

프로필

포유류

- 이름 : 얼룩다람쥐 > 시베리아다람쥐
- 영어명 : Chipmunk > Siberian chipmunk
- 서식지 : 유라시아 북부의 숲
- 크기 : 몸길이 13cm
- 특징 : 볼 안쪽에 있는 볼주머니에 음식을 넣어서 운반한다.

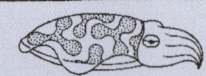

안타까운 정도 ★★

고독한 늑대는 약한 존재야

외로운 건 싫은데.

'한 마리 고독한 늑대' 하면 외롭고 쓸쓸하지만 강인하게 살아가는 사람이 떠올라요. 그런데 사실 늑대 세계에서 혼자 살아가는 늑대는 한없이 약하답니다. 새끼 늑대는 두 살이 되면 부모의 무리에서 나와 혼자 살기 시작해요. 그 후에 짝이 될 상대를 찾거나 다른 무리를 빼앗아 '한 마리 늑대' 신세를 졸업하지요. 그런데 힘없는 늑대는 평생 혼자 살아갈 수밖에 없어요.
강인한 이미지와는 반대로 속으로는 '나도 혼자 있는 게 좋지 않아.'라고 말할 것 같아요.

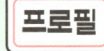

포유류

- 이름 : 늑대 > 회색늑대
- 영어명 : Wolf > Grey wolf
- 서식지 : 북아메리카와 유라시아의 숲
- 크기 : 몸길이 1.3m
- 특징 : 수컷과 암컷 한 쌍을 중심으로 무리를 만든다.

안타까운 정도 ★★★

겨울잠쥐는 동면 중에 잠에서 깨면 목숨을 잃어

목숨 걸고 자야 해!

겨울잠쥐는 기온이 내려가면 낙엽 밑에서 겨울잠을 자요. 이를 '동면'이라고 하지요. 동면 중에는 죽은 것처럼 움직이지 않는데, 이때 절대로 깨우면 안 돼요. '깨어나도 다시 자면 되지.'라고 생각할지 모르지만, 동면할 때는 체온이 37도에서 0도 가까이 내려가기 때문에 체온을 다시 올리는 데 많은 에너지를 사용해야 해요. 그때는 동면하기 전에 저장해 둔 지방을 쓰는데, 겨울잠쥐는 체구가 작아서 지방을 많이 저장할 수 없어요.
그래서 동면을 몇 번 방해하면 봄이 왔을 때 체온을 올릴 수 없어서 그대로 죽음에 이르고 만답니다.

프로필	 포유류	○ 이름 : 겨울잠쥐 ○ 영어명 : Dormouse ○ 서식지 : 유럽, 아프리카, 아시아의 숲과 산	○ 크기 : 몸길이 7cm ○ 특징 : 밤에만 활동하는 야행성 동물이다.

안타까운 정도 ★★★

꿀단지개미는 꿀을 모으지만 자기는 못 먹어

꿀단지개미는 비상식량으로 꽃꿀을 모아요. 그런데 모으는 곳이 바로 친구의 뱃속이랍니다. 꿀단지개미 중에는 꿀을 가져오는 개미와 배에 꿀을 모으는 개미가 있어요. 한 개미가 꿀을 가져와서 친구 개미한테 입으로 넘겨주면, 친구 개미의 배는 빵빵하게 부풀어 오르지요. 그러면 친구 개미는 배가 짓눌려서 꿀이 입 밖으로 나오지 않도록 천장에 매달려요.

꿀을 저장한 개미는 아무리 꿀을 많이 모아도 자신이 먹지는 않아요. 꽃이 피지 않는 계절이 되면 입에서 꿀을 토해 내 다른 친구들에게 나눠 주지요.

프로필 곤충류	● 이름 : 꿀단지개미 ● 영어명 : Honeypot ant ● 서식지 : 호주의 사막	● 크기 : 몸길이 1.5cm(꿀을 저장한 개미) ● 특징 : 꿀은 사람이 먹어도 달콤하고 맛있다.

안타까운 정도 ★★★

대왕고래는 범고래가 공격하면 못 이겨

> 세계 최대의 동물인 내가 저런 피라미한테 지다니…….

대왕고래는 세계에서 가장 큰 동물이에요. 큰 것은 몸길이가 33미터, 몸무게는 190톤이나 되지요. 멸종한 공룡을 포함해도 이렇게 무거운 동물은 발견되지 않았어요. 이런 천하무적처럼 보이는 대왕고래를 습격하는 동물이 있어요. 킬러 고래라고도 불리는 범고래예요.

날카로운 이빨을 가진 범고래는 물고기나 물개 따위를 잡는 뛰어난 사냥꾼이에요. 빨리 헤엄치는 대왕고래를 더 빨리 헤엄쳐서 에워싼 다음, 떼로 한꺼번에 공격하지요. 체중으로 비교하면 사람이 새끼 고양이들한테 죽임을 당하는 꼴이라고나 할까요?

프로필  포유류

- 이름 : 대왕고래
- 영어명 : Blue whale
- 서식지 : 전 세계의 바다
- 크기 : 몸길이 최대 33미터
- 특징 : 몸길이가 몇 센티미터밖에 되지 않는 크릴새우나 작은 물고기를 하루에 몇 톤씩 먹는다.

안타까운 정도 ★★

두건물범은 코에서 풍선을 부풀려

두건물범의 수컷은 매우 크고 새카만 코를 가지고 있어요. 이 물범은 라이벌과 싸워도 서로 상처를 입히지 않아요. 그 대신 한 가지 규칙이 있어요. 콧구멍을 닫고 공기를 불어 넣어, 코를 더 크게 부풀린 쪽이 이긴다는 규칙이에요.

그렇게 맞붙었는데 코 크기가 비슷한 경우, 싸움은 두 번째 단계에 돌입해요. 한쪽 콧구멍의 주머니를 크게 부풀리는 거예요. 이번에는 주머니를 더 크게 부풀린 쪽이 승리를 차지하지요. 빵빵하게 부풀어 오른 주머니는 꼭 커다란 빨간 풍선처럼 보인답니다.

프로필	 포유류	○ 이름 : 두건물범 ○ 영어명 : Hooded seal ○ 서식지 : 북극해와 북대서양 연안	○ 크기 : 몸길이 2.4m ○ 특징 : 어미가 새끼에게 모유를 주는 건 4일뿐이다.

안타까운 정도 ★★★

남극빙어는 수온이 3도보다 높아지면 죽어

생물은 의외로 따뜻한 바다보다 차가운 바다에 더 많이 살고 있어요. 수온이 낮을수록 물속의 산소량이 많아서, 플랑크톤도 많고 그것을 먹는 물고기도 많거든요. 남극빙어는 특히 아주 추운 바다에 적응해서, 수온이 0도 밑으로 내려가도 몸이 얼지 않아요.

그런데 수온이 3도를 넘으면 곧바로 죽고 말아요. 남극빙어 피에는 산소를 운반하는 적혈구가 없어요. 수온이 높아져서 산소량이 줄어들면 몸속으로 운반되는 산소가 줄어들어서 질식하는 거예요.

프로필	 어류	◦ 이름 : 남극빙어 ◦ 영어명 : Icefish ◦ 서식지 : 남극 지역의 바다	◦ 크기 : 몸길이 40cm ◦ 특징 : 피가 투명하고 색깔이 없다.

안타까운 정도 ★★

꿀벌은 꿀을 입에서 입으로 옮겨

꿀벌이 평생에 걸쳐 모으는 꿀은 겨우 5그램. 작은 티스푼 하나 정도의 양이에요. 하지만 이만큼을 모으는 데는 엄청난 시간과 노력이 들지요.

꽃꿀을 뱃속에 넣어서 돌아온 일벌은 둥지 안에 있는 일벌에게 꿀을 토해서 건네줘요. 그런 다음에는 순서대로 둥지 안쪽에 있는 꿀 저장고까지 입에서 입으로 꿀을 옮기는 거예요. 마치 우리가 일렬로 서서 물이 든 양동이를 다음 사람에게 계속 넘겨주듯이 말이에요.

벌들이 입에서 입으로 옮기는 사이에 꿀은 수분이 빠져서 끈적해져요. 이렇게 해서 만들어진 꿀은 그야말로 꿀벌들의 노력의 결정체랍니다.

| 프로필 | 곤충류 | ● 이름 : 꿀벌
● 영어명 : Honey bee
● 서식지 : 전 세계에서 기른다. | ● 크기 : 몸길이 1.3cm(일벌)
● 특징 : 뒷다리에 꽃가루를 묻혀서 벌집으로 가져온다. |

안타까운 정도 ★★

침팬지가 말을 못하는 건 목의 구조 때문이야

침팬지는 700만 년 전에 사람과 같은 조상으로부터 갈라진 동물이에요. 머리가 매우 좋아서 수화로 사람과 대화를 나눌 수도 있지요.

그런데 사람처럼 말할 수는 없어요. 왜냐하면 침팬지는 입으로 숨을 쉴 수 없기 때문이에요. 입으로 숨을 쉴 수 있는 동물은 포유류 중에서 사람뿐이에요. 개가 헉헉거리는 것도 실은 숨을 쉬는 게 아니라 체온을 낮추기 위한 거예요.

침팬지는 사람처럼 입에서 내뿜는 숨의 양을 조절할 수 없어요. 그래서 세밀한 발음을 구분해서 표현할 수 없지요. 목이 뇌의 진화를 따라가지 못한 건 안타깝긴 해요.

포유류

- 이름 : 침팬지
- 영어명 : Chimpanzee
- 서식지 : 아프리카의 숲
- 크기 : 키 150cm (서 있을 때)
- 특징 : 육식성이 강해서 체구가 작은 원숭이를 습격한다.

안타까운 정도 ★★★

개복치의 99.99퍼센트는 어른이 되지 못해

개복치는 세계에서 가장 무거운 경골어류로, 몸길이는 최대 4미터, 몸무게는 최대 2톤이 넘어요. 그런데 알의 크기는 겨우 1.5밀리미터랍니다! 커다란 암컷은 알을 3억 개나 낳는다고 해요.

이 알이 모두 성장하면 바다는 온통 개복치로 가득할 거예요. 하지만 개복치는 느릿느릿한 물고기인 데다가 이렇다 할 방어 수단도 없어요. 그래서 3억 개의 알 중에 어른이 될 수 있는 건 고작 두 마리 정도예요. 확률로 보면 99.999999퍼센트가 죽는 거지요.

개복치에게 어른이 되는 건 복권 1등에 당첨되는 것보다 10배 이상 어려운 일이에요.

프로필

어류

- 이름 : 개복치
- 영어명 : Ocean sunfish
- 서식지 : 온대와 열대의 바다
- 크기 : 몸길이 1.8~4m
- 특징 : 꼬리지느러미가 없고 위쪽의 등지느러미와 아래쪽의 뒷지느러미가 발달했다.

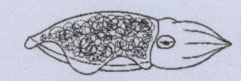

안타까운 정도 ★★

전갈은 자외선을 쪼이면 빛나지만 의미는 없어

단지 멋있을 뿐!

어두운 곳에서 만 원짜리 지폐의 앞면을 자외선 램프로 비추면, 세종대왕의 초상화 옆에 형광 잉크로 그려진 용비어천가와 일월오봉도가 나타나요. 이건 그 지폐가 진짜인지 가짜인지를 구별하기 위해서 해 놓은 장치예요.

이와 마찬가지로 전갈의 몸에 자외선을 쪼이면 청록색으로 빛나지요. 그런데 이건 특별한 의미는 없어요. 곤충을 비롯해 자외선을 볼 수 있는 생물은 적지 않지만, 야행성인 전갈은 자외선을 받는 일이 거의 없고 볼 수도 없지요.

그래도 전갈이 빛을 내뿜는 건 아득한 옛날, 낮에 활동했던 전갈의 조상이 몸에 해로운 자외선을 반사했던 기능이 흔적처럼 남은 결과인 듯해요.

 프로필 협각류

- 이름 : 전갈 > 황제전갈
- 영어명 : Scorpion > Emperor scorpion
- 서식지 : 아프리카의 열대 우림
- 크기 : 몸길이 20cm
- 특징 : 전갈 중 몸무게가 가장 많이 나간다.

안타까운 정도 ★★

날다람쥐는 나무에서 내려오기가 너무 힘들어

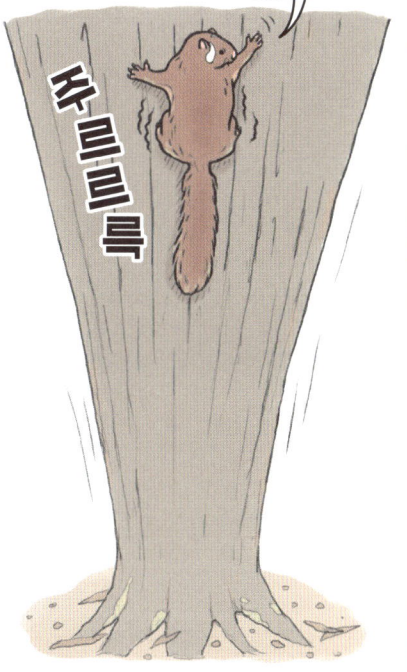

으아, 너무 높아!

쥬르르륵

날다람쥐는 망토 같은 피막을 펼쳐서 나무 위에서 100미터 넘게 날 수 있어요. 이를 '활공'이라고 해요. 말 그대로 하늘을 나는 다람쥐인데, 나무에서 내려오는 건 너무 어설퍼요. 아마 얼룩다람쥐라면 머리를 밑으로 해서 재빨리 뛰어내릴 거예요. 그런데 날다람쥐는 머리를 위로 한 채, "으아! 너무 높아! 떨어질 것 같아!"라는 듯이 한 걸음씩 뒷걸음치면서 내려오지요. 이건 날다람쥐의 활공 능력과 관계있어요. 날다람쥐는 착지의 충격을 막기 위해 발목이 굵어서 자유롭게 움직이기 어려워요. 더구나 몸도 꽤나 큰 편이라서 가벼운 다른 다람쥐처럼 머리를 밑으로 하면 곧바로 아래로 떨어질 거예요.

| 프로필 |  포유류 | ○이름 : 날다람쥐
○영어명 : Giant flying squirrel
○서식지 : 일본, 중국, 한국의 산지 | ○크기 : 몸길이 37cm
○특징 : 몸길이만 한 긴 꼬리를 가지고 있다. |

안타까운 정도 ★★

두더지가 굴 파는 속도는 달팽이가 나아가는 속도와 비슷해

아, 쉽지 않아……

두더지는 삽처럼 생긴 앞발로 땅속에 구멍을 파요. 그런데 **속도가 느려도 너무 느려요**. 한 시간에 겨우 80센티미터 정도로 달팽이가 앞으로 나아가는 속도와 거의 비슷하지요. 땅속에서 굴을 파는 건 보통 **힘든 일**이 아니에요. 두더지도 가능하면 파고 싶지 않아요. 그래서 평소에는 이미 파여 있는 굴을 왔다 갔다 할 뿐, **새로 파는 일은 거의 없어요**. 더구나 실수로 너무 많이 파서 이웃집 두더지의 굴에 구멍을 뚫으면 엄청난 싸움으로 이어져요. 자칫하면 땅 위로 쫓겨나기 때문에, 굴을 함부로 파는 일은 목숨을 거는 것과 다름없지요.

  포유류

- 이름 : 두더지
- 영어명 : Mole
- 서식지 : 한국, 중국, 일본, 러시아 등지 땅속
- 크기 : 몸길이 14cm
- 특징 : 굴 안쪽에 공 모양의 둥지를 만들어서 번식한다.

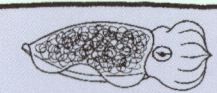

안타까운 정도 ★★★

물벼룩은 위기에 빠지면 머리에 뿔을 만들지만 별 효과는 없어

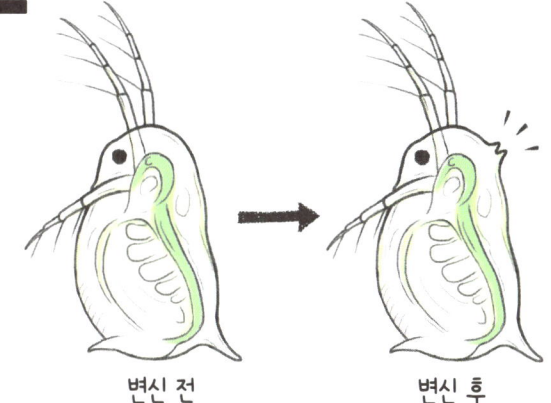

변신 전 → 변신 후

물벼룩은 몸이 작기 때문에 수많은 생물에게 잡아먹혀요. 그중에서도 천적은 장구벌레라고 하는 모기의 애벌레예요. 장구벌레는 물벼룩을 매우 좋아해요. 하지만 물벼룩도 순순히 잡아먹히는 건 아니에요. 장구벌레로부터 몸을 지키기 위해 한 가지 필살기를 만들었지요. 바로 머리에 뿔을 만드는 거예요. 머리를 조금 크게 만들면 장구벌레의 입에 들어가지 않는다고 생각했지요.

다만 뿔이 자라려면 하루가 걸리는데, 갑자기 적이 눈앞에 나타나면 아무 소용이 없겠지요?

프로필

갑각류

- 이름 : 물벼룩
- 영어명 : Water flea
- 서식지 : 전 세계의 강이나 호수
- 크기 : 몸길이 2mm
- 특징 : 플랑크톤을 먹어서 물을 깨끗하게 만든다.

안타까운 정도 ★★★

노린재는 자기 냄새를 맡고 기절해

동물 중에서 '냄새' 하면 대부분 스컹크를 떠올리지만, 냄새나는 곤충의 챔피언은 노린재예요.

노린재는 적의 공격을 받으면, 다리와 몸통이 연결된 부분에서 냄새가 고약한 액체를 발사해서 적을 물리쳐요. 더구나 그냥 냄새만 나는 게 아니에요. 냄새를 내는 알데히드라는 화학 물질에는 독성도 들어 있어요.

좁은 용기에 노린재를 가두고 자극하면, 노린재는 자신이 내뿜은 액체의 냄새를 견디지 못해 기절해요. 이때 곧바로 꺼내 주면 잠시 후에 살아나지만, 용기에 그대로 방치해 두면 얼마 뒤에 죽게 되지요.

 프로필 곤충류
- 이름 : 노린재 > 갈색날개노린재
- 영어명 : Stink bug > Brown winged green bug
- 서식지 : 한국, 일본 등의 여러 식물
- 크기 : 몸길이 1cm
- 특징 : 친구를 모을 때는 지독하지 않은 냄새를 내보낸다.

안타까운 정도 ★★

거미는 몸을 운에 맡긴 채 하늘을 날아

내가 가는 곳은 오직 바람만 알고 있노라.

거미는 거미줄로 만든 알주머니인 '난낭' 안에 알을 낳아요. 알에서 태어난 새끼들은 어느 정도 자라면 여행을 떠나요. 바람에 풍선이 날아가듯 각지로 흩어지는 거예요. 바람이 세차게 부는 날, 새끼 거미들은 엉덩이를 하늘로 향하고 거미줄을 내보내요. 거미줄이 바람에 실리면 거미는 하늘을 향해 풍선처럼 날아가지요. 어디로 갈지는 아무도 몰라요.

계속 땅에 내려오지 못해서 굶어 죽는 거미도 있고, 바다에 떨어져 죽는 거미도 있어요. 거미의 운명은 참 험난하지요. 좋은 바람을 만난 운 좋은 거미만이 새로운 땅에 무사히 도착한답니다.

  협각류
- 이름 : 거미 > 무당거미
- 영어명 : Spider > Joro spider
- 서식지 : 아시아의 곳곳
- 크기 : 몸길이 2.5cm(암컷)
- 특징 : 수컷의 크기는 암컷의 절반밖에 안 된다.

안타까운 정도 ★★

사막뿔도마뱀은 위기에 처하면 눈에서 피를 내뿜어

사막에 사는 뿔도마뱀은 스스로를 지키기 위해 몸을 주변의 바위나 땅과 비슷한 색깔로 바꾸거나 몸에 있는 날카로운 가시를 이용해요. 하지만 매와 뱀, 코요테 같은 동물에게 끊임없이 습격을 당하지요.

그래도 희망을 버리는 법이 없어요. 사막뿔도마뱀은 싸우다 '이제 틀렸다.'라고 깨닫는 순간, 눈에서 물총처럼 피를 발사해요. 그때 내뿜는 피의 양은 놀랍게도 몸속에 있는 혈액의 4분의 1이나 된답니다. 정확히 명중하면 적은 깜짝 놀라서 그 자리를 떠나요.

하지만 사막뿔도마뱀이 사는 곳은 물도 먹이도 거의 없는 사막 지대예요. 그렇게 피를 발사하고 난 뒤에 체력을 회복하지 못하고 과다 출혈로 죽는 일도 있다고 해요.

| 프로필 | 파충류 | ○ 이름 : 사막뿔도마뱀
○ 영어명 : Desert horned lizard
○ 서식지 : 북아메리카 남서부의 사막 | ○ 크기 : 몸길이 10cm
○ 특징 : 몸이 평평하다. |

안타까운 정도 ★★

점박이정원장어의 싸움은 시시해

점박이정원장어는 바다 밑의 모랫바닥에 구멍을 판 뒤, 거기 들어가 상반신만 내밀고 플랑크톤을 먹으며 살아요. 그런데 얼굴 내미는 위치를 둘러싸고 서로 싸우는 일이 있어요. 얼굴을 내미는 위치가 높을수록 먹이를 많이 먹을 수 있거든요. 싸움이 시작되면 입을 크게 벌리고 상대를 위협하면서 흐느적흐느적 몸을 비트는데, 그 이상은 아무 일도 일어나지 않아요. 양쪽 모두 구멍에서 나올 생각이 없거든요. 직접적인 공격이 없는, 매우 평화로운 싸움이에요. 더구나 옆에 있는 친구랑만 싸울 수 있는데, 이겼다고 해서 크게 유리하지도 않아요.

프로필  어류
- 이름 : 점박이정원장어
- 영어명 : Spotted garden eel
- 서식지 : 태평양, 인도양의 모랫바닥
- 크기 : 몸길이 최대 40cm
- 특징 : 겁이 많아서 적이 다가가면 재빨리 구멍 안으로 숨는다.

안타까운 정도 ★★

곰벌레는 극한으로 건조한 건 못 견뎌

가능하면 평화롭게 살고 싶어.

150도의 고열에도, 영하 273도의 저온에도 견디고, 우주 공간에서도 열흘간 살아남은 생물. 심지어 30년간 냉동 보존해도 다시 부활하는 무적의 생물……. 곰벌레가 지구 최강의 생물이라고 불리는 이유예요. 하지만 급격하게 건조한 환경에는 약해서 드라이어의 바람으로 말리면 순식간에 죽어 버려요. 곰벌레가 최강인 건 휴면 상태일 때뿐이에요. 살아남기 위해 스스로 잠자는 상태와 비슷해지지요. 숨도 안 쉬고, 먹지도 않고 가만히 살아만 있는 거예요. 하지만 이렇게 되기 위해선 오랜 시간을 들여 천천히 몸의 수분을 빼내야 해요. 이때는 몸이 단단하지 않아서 연필로 찌르기만 해도 쉽게 죽을 수 있답니다.

프로필	진완보류	○ 이름 : 곰벌레(완보동물) ○ 영어명 : Water bear ○ 서식지 : 전 세계의 물이 있는 곳	○ 크기 : 몸길이 1mm ○ 특징 : 휴면 상태가 되지 않으면 수명은 4개월밖에 되지 않는다.

안타까운 정도 ★★

해마의 최고 시속은 고작 1.5미터야

파닥 파닥
파닥
약속 시간에 늦으면 어떡하지?

해마는 아기 용처럼 귀엽게 생겼지만, 이래 봬도 물고기예요. 평소에는 빙글빙글 말려 있는 꼬리로 해초를 감아서 해류에 떠내려가지 않도록 해요. 그렇게 하고 있으면 해초의 일부처럼 보여서 적의 습격도 잘 받지 않아요.

해마는 헤엄치는 일이 거의 없어요. 하지만 해류에 떠내려가거나 짝짓기 상대를 찾을 때는 작은 가슴지느러미를 파닥파닥 움직여서 헤엄쳐요.

최고 속도는 한 시간에 고작 1.5미터로, 물고기 중 가장 느릴 정도로 헤엄을 못 친답니다.

 프로필  어류

- 이름 : 해마 > 난쟁이해마
- 영어명 : Sea horse > Dwarf seahorse
- 서식지 : 카리브해와 멕시코만 연안의 바다
- 크기 : 몸길이 2.3cm
- 특징 : 수컷이 뱃속에서 새끼를 키운다.

안타까운 정도 ★★

벌거숭이뻐드렁니쥐는 여왕의 오줌을 맞으면 새끼를 낳을 수 없어

어떡해! 오줌 맞았어.

벌거숭이뻐드렁니쥐는 땅속에 있는 굴 안에서 100마리 정도가 무리를 지어 살아요. 그중에서 가장 큰 건 여왕이에요. 여왕 이외의 암컷은 새끼를 낳지 않는데, 이건 여왕의 저주 때문이지요.

여왕은 가끔 굴 안을 순찰하면서 암컷들에게 오줌을 뿌려요. 그러면 암컷들은 새끼를 만들 의욕을 잃어버린다고 해요.

여왕이 죽으면 암컷들은 다시 새끼를 만들 수 있게 돼요. 그런데 새 여왕이 탄생하면, 다른 암컷은 역시 오줌의 저주를 받아서 새끼를 만들 수 없지요.

프로필  포유류
- 이름 : 벌거숭이뻐드렁니쥐
- 영어명 : Naked mole-rat
- 서식지 : 동아프리카의 땅속
- 크기 : 몸길이 8.5cm
- 특징 : 몸에는 털이 거의 자라지 않는다.

안타까운 정도 ★★

작은개미핥기의 위협은 하나도 무섭지 않아

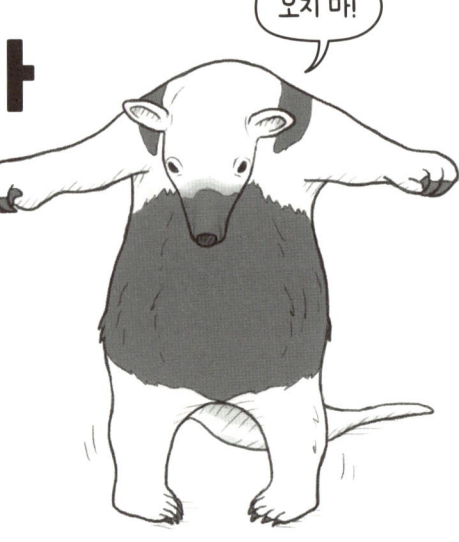

오지 마!

작은개미핥기의 최강 무기는 길고 튼튼한 앞 발톱이에요. 이 앞 발톱으로 단단한 흰개미 굴을 부수고 안에 있는 흰개미를 잡아먹어요.

평소에는 안전을 위해 거의 나무 위에서 내려오지 않다가, 먹이를 먹으려고 땅으로 내려오면 퓨마나 재규어 같은 천적을 만나기도 하지요. 그때 작은개미핥기는 뒷다리로 쏙 일어선 다음, 앞다리를 쭉 내밀어 위협해요.

이건 자신이 얼마나 강한지 보여 주는 싸움의 자세예요. 하지만 그림에서 보다시피 하나도 무섭지가 않아요. 실제로 작은개미핥기는 적들이 기죽지 않는 걸 보고 효과가 없다는 걸 깨달으면 천천히 뒷걸음질하다 도망친다고 해요.

프로필  포유류	● 이름 : 작은개미핥기 ● 영어명 : Southern tamandua ● 서식지 : 남아메리카의 숲과 초원	● 크기 : 몸길이 70cm ● 특징 : 꼬리로 나뭇가지에 매달릴 수 있다.

안타까운 정도 ★★

숨이고기의 은신처는 해삼의 항문이야

으, 온몸이 근질근질해.

잠깐 실례!

숨이고기는 이름처럼 해삼을 집으로 삼아 숨어 사는 물고기예요. 낮에는 해삼의 몸속에서 안전하게 지내고, 밤에는 밖으로 나와 배불리 식사를 해요. 그러고는 다시 해삼의 항문으로 들어가지요. 숨이고기의 몸에는 튀어나온 곳이 없고, 머리부터 꼬리를 향해 점점 좁아지는 모양이에요. 그래서인지 해삼의 항문을 드나들 때는 항상 꼬리부터 드나들기로 정해 놓은 것 같아요. 숨이고기는 이런 방식으로 안전을 확보하고 있지만, 해삼에게는 아무런 이점이 없어요. 하지만 해삼이 할 수 있는 건 딱히 없어서 잠자코 견딜 수밖에 없지요. 어쩌면 속으론 자기 몸에 드나드는 이 뻔뻔한 물고기를 엄청나게 미워하고 있는지도 몰라요.

프로필

어류

- 이름 : 숨이고기
- 영어명 : Pearlfish
- 서식지 : 태평양, 대서양, 인도양의 바다 밑바닥
- 크기 : 몸길이 20cm
- 특징 : 비늘이 없고 몸이 매끄럽다.

안타까운 정도 ★★

파리는 발바닥으로 맛을 느껴

곤충 중에는 정해진 식물밖에 먹지 못하는 곤충이 많아요. 더구나 그 식물이기만 하면 맛이 어떤지는 상관하지 않아요. 그런데 뭐든지 잘 먹을 것 같은 파리는 의외로 미식가예요. 좋아하는 음식을 선택하기 위해 미각이 발달했거든요.

파리는 입으로도 맛을 느끼지만, 놀랍게도 앞다리로 맛을 봐요. 앞다리 끝에 맛을 느끼는 털이 있어서, 음식을 만지기만 해도 맛을 알 수 있답니다.

초능력 같아서 부러운 마음도 들지만, 파리가 좋아하는 음식은 짐승의 썩은 고기나 배설물! 똥을 밟으면 맛이 느껴진다니, 상상만 해도 소름 끼치지 않나요?

프로필 곤충류	● 이름: 파리 > 집파리 ● 영어명: Fly > Housefly ● 서식지: 전 세계의 사람 사는 곳곳	● 크기: 몸길이 7mm ● 특징: 짐승의 똥이나 음식물 쓰레기에 알을 낳는다.

안타까운 정도 ★★

벼룩의 특기는 점프지만 일어설 수는 없어

야! 누가 나 좀 일으켜 줄래?

동물계의 높이 뛰기 선수인 벼룩은 자기 키의 100배 높이까지 점프할 수 있어요. 사람으로 비유하면 초등학교 1학년 어린아이가 40층짜리 건물을 훌쩍 뛰어넘을 만큼 점프력이 뛰어난 거예요. 이 놀라운 점프력을 만들어 내는 건 **놀라울 만큼 길게 발달한 뒷다리**예요. 그런데 이 뒷다리는 너무 가늘고 길어서 몸의 다른 부분과 균형이 맞지 않아요. 착지하기는커녕 딛고 일어설 수도 없지요.

동물의 피를 빨아 먹고 사는 벼룩은 **항상 털에 둘러싸여 있어서, 몸을 지탱할 필요가 없어요.** 그래서 뒷다리는 폴짝 뛰어올라 동물의 몸에 달라붙기 위해서만 사용하도록 진화한 거예요.

프로필	곤충류	○ 이름 : 벼룩 > 괭이벼룩 ○ 영어명 : Flea > Cat flea ○ 서식지 : 전 세계의 고양이나 개의 피부	○ 크기 : 몸길이 2mm ○ 특징 : 개나 고양이에 기생하여 피를 빨아 먹는다.

안타까운 정도 ★★★

치타는 스피드에 집중해서 육식 동물인데도 약해

세계에서 가장 빠른 동물은 치타예요. 치타는 철저하게 '달리기'를 추구하는 동물이죠. 달리는 속도는 시속 100킬로미터가 넘고, 스포츠카보다 빨리 속도를 올릴 수 있다고 해요.

치타는 빨리 달리기 위해 머리는 조그맣고, 다리는 가늘고 긴 체형으로 진화했어요. 무거운 몸은 빨리 달릴 때 방해가 되기 때문이에요. 그 대신 공격력과 방어력을 잃어버렸어요. 탄탄한 체형이 많은 육식 동물 중에서 가장 약한 수준이지요. 몸집이 큰 육식 동물의 위협을 받으면 곧바로 도망치기 때문에, 힘들게 잡은 먹이를 하이에나에게 빼앗기는 모습을 흔히 볼 수 있답니다.

포유류

- 이름 : 치타
- 영어명 : Cheetah
- 서식지 : 아프리카의 초원
- 크기 : 몸길이 1.3m
- 특징 : 고양잇과인데, 발톱을 숨길 수 없다.

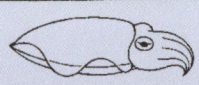 

진화 극장 ③ 박쥐가 캄캄한 밤에 날아다니는 이유

안녕, 난 박쥐야!
'밤의 지배자'란 별명을 가지고 있지.
해가 완전히 저물고,
새들이 모두 잠들면 하늘은 우리 차지가 된다는 말씀!
완벽하게 조율한 초음파를 마구마구 발사하며
어둠 속을 마음껏 날아다니면 얼마나 기분 좋은지 몰라!
뭐? 우리가 왜 일부러 캄캄한 밤에 날아다니는지 알고 싶다고?
정 알고 싶다면 가르쳐 줄게.
너한테만 특별히 알려 주는 거야.

찾아보기

이 책에 나온 생물들을 가까운 친구끼리 모아서 소개할게.

척삭동물

척추(등뼈)나 척삭(원시적인 등뼈)을 가지고 있는 동물.

 **포유류** — 부모와 닮은 새끼를 낳아 젖으로 키운다. 체온이 일정하고 폐 호흡을 한다.

겨울잠쥐 143
고릴라(서부고릴라) 107
관박쥐 42
날다람쥐 153
늑대(회색늑대) 142
대왕고래 145
덤불개 80
돌고래(남방큰돌고래) 115
두건물범 146
두더지 154
땃쥐(꼬마뒤쥐) 83
땅늑대 30
땅돼지 46
라쿤 82
맥(말레이맥) 124
바비루사 51
벌거숭이뻐드렁니쥐 163
북극곰 34
북극땅다람쥐 96
세발가락나무늘보(갈색목세발가락나무늘보) 64
소 110
솔레노돈(히스파니올라솔레노돈) 134
스컹크(줄무늬스컹크) 87
안경원숭이(필리핀안경원숭이) 52
얼룩다람쥐(시베리아다람쥐) 140
오랑우탄 37
오리너구리 32
웜뱃 28
일각돌고래 59
일본원숭이 44
작은개미핥기 164
주머니쥐(버지니아주머니쥐) 98
치타 168
침팬지 149
캥거루(붉은캥거루) 81
코끼리(아프리카코끼리) 73
코뿔소(검은코뿔소) 58
코알라 118
큰개미핥기 61
토끼(굴토끼) 90
티베트원숭이 114
판다(대왕판다) 128
하마 27
해달 126

 **조류** — 알에서 태어나고, 날개가 있어서 하늘을 나는 것이 많다. 체온이 일정하고 폐 호흡을 한다.

개개비 92
공작(인도공작) 38
군함조(큰군함조) 108
대머리앵무 127
딱따구리(오색딱따구리) 106
벌새(꼬마벌새) 117

카카포 71
큰회색머리아비 70
타조 26
홍학(꼬마홍학) 54
황제펭귄 84

뱀장어 40
삼지느러미바다악마 85
숨이고기 165
전기뱀장어 41
점박이정원장어 160
해마(난쟁이해마) 162

파충류
알에서 태어나고 폐 호흡을 한다.
주변 온도에 따라서
체온이 변한다.

목도리도마뱀 88
사막뿔도마뱀 158
아프리카알뱀 95
악어(바다악어) 47
장수거북 67
카멜레온(팬서카멜레온) 138
코모도왕도마뱀 137
큰머리거북 60
투아타라 48

멍게류
물속에서 산다. 어릴 때는 자유롭게
헤엄치며 돌아다니지만 어른이 되면
바위나 해초에 달라붙는다.

멍게(우렁쉥이) 97

무척추동물
척추(등뼈)나 척삭(원시적인 등뼈)이 없는,
척삭동물 이외의 동물.

양서류
알에서 태어나 어릴 때는 물속에서
아가미 호흡을 하지만, 어른이 되면
폐 호흡으로 바뀐다.

거북개구리 135
유리개구리 49

불가사리류
다섯 개의 팔이 별 모양으로 자란다.
몸 한가운데에 입이 있다.

불가사리(별불가사리) 63

해삼류
몸은 통 모양으로 생겼으며
부드럽다. 앞쪽에 촉수와 입이 있고
뒤쪽에 항문이 있다.

해삼(돌기해삼) 86

어류
물속에서 살고, 지느러미를 이용해서
헤엄친다. 대부분 알에서 태어난다.
주변 온도에 따라서 체온이 변한다.

가다랑어 36
개복치 150
남극빙어 147
다랑어(참다랑어) 125
동갈치 104

곤충류
몸이 머리와 가슴, 배로 나뉘어 있다.
대부분은 더듬이와 날개가 있다.
발은 3쌍, 6개다.

17년 매미 103
개미귀신(명주잠자리) 91

곰개미 105
꿀단지개미 144
꿀벌 148
노린재(갈색날개노린재) 156
도롱이벌레(남방차주머니나방) 101
말레이시아개미 93
말벌(장수말벌) 66
말총벌 68
무당벌레(칠성무당벌레) 136
물맴이 53
물장군 113
바이올린딱정벌레 31
반딧불이(꽃반딧불이) 29
방울벌레 33
배추흰나비 111
벼룩(괭이벼룩) 167
뿔소똥구리 112
사마귀(왕사마귀) 116
사막메뚜기 120
사슴벌레(라코다이레이멋쟁이사슴벌레) 39
악어머리뿔매미 57
왕개미 122
진딧물(찔레수염진딧물) 123
춤파리 100
큰남생이잎벌레 102
파리(집파리) 166
하루살이(흰하루살이) 94
흰제비불나방 43

키다리게 69
해로새우 121

진공벌레류 — 물속이나 흙속에 살면서, 건조하거나 온도가 낮아지면 휴면 상태로 견딘다.

곰벌레(완보동물) 161

협각류 — 입 근처에 가위처럼 생긴 협각이라는 기관이 있다. 다리는 주로 5쌍, 10개다.

거미(무당거미) 157
전갈(황제전갈) 152
투구게 56

두족류 — 오징어나 문어의 친구. 몸은 머리와 몸통, 팔로 나뉘고, 머리에서 팔이 자라난다.

남극하트지느러미오징어 72
참갑오징어 139

복족류 — 고둥의 친구, 몸은 부드럽다. 대부분은 말려 있는 껍데기를 가지고 있다.

클리오네(무각거북고둥) 50

갑각류 — 몸이 단단한 껍데기로 뒤덮여 있다. 주로 물속에서 살고, 아가미 호흡을 한다.

가재(미국가재) 74
물벼룩 155

해파리류 — 물속에서 살고 몸은 젤리 모양이다. 물속을 떠다니면서 촉수로 먹이를 잡는다.

해파리(보름달물해파리) 62

• 감수

이마이즈미 다다아키

일본의 도쿄해양대학교를 졸업했습니다. 국립과학박물관 특별 연구원, 우에노동물원 동물 해설원 등으로 일했습니다. 문부과학성의 국제 생물 계획 조사, 환경성의 야생 동물 조사에도 참여했습니다. 전문 분야는 포유류를 바탕으로 한 분류학, 생태학입니다. 《오늘도 무사히 생존 도감》, 《이유가 있어서 멸종했습니다》 시리즈를 비롯한 다양한 도서의 감수를 맡았습니다.

• 그림

시모마 아야에

일본의 무사시노미술대학을 졸업했습니다. 게임 회사와 문구 회사에서 캐릭터 및 배경 제작 디자이너로 일했고, 현재는 어린이 책에 들어가는 그림을 그립니다. 그린 책으로는 《우리가 몰랐던 생물들의 마지막 이야기》, 《상상 초월 식물 능력 도감》 등이 있습니다.

가와무라 후유미

일본의 다마미술대학 디자인과를 졸업했습니다. 일러스트레이터로 활동하며 그림책과 만화를 그립니다. 그림을 그린 책으로는 《채소 이발소》 등이 있습니다.

도쿠나가 아키코

일본의 다마미술대학 디자인과를 졸업했습니다. 일러스트레이터로 활동하며 그림책과 캐릭터 일러스트, 만화를 그립니다. 그림을 그린 책으로는 《내 몸 사건일지》 등이 있습니다.

• 옮김

이선희

부산대학교 일어일문학과를 졸업하고 한국외국어대학교 교육대학원 일본어교육과에서 공부했습니다. 〈포켓몬스터〉, 〈원피스〉, 《하울의 움직이는 성》을 비롯한 다양한 애니메이션을 우리말로 번역했습니다. 옮긴 책으로는 《책을 지키려는 고양이》, 《지브리의 천재들》 등이 있습니다.

• 한국어판 감수

이정모

연세대학교와 같은 대학원에서 생화학을 공부하고 독일 본대학교에서 유기화학을 연구했습니다. 서대문자연사박물관, 서울시립과학관, 국립과천과학관 관장을 역임했습니다. 《생물의 왕국》, 《찬란한 멸종》을 비롯한 여러 책을 썼으며, 《매드 사이언스 북》 등을 우리말로 옮겼습니다. 《이유가 있어서 멸종했습니다》를 비롯한 다양한 도서의 감수를 맡았습니다.

제1회
안타까운 동물 자랑 대회

초판 1쇄 발행 2025년 10월 29일
초판 3쇄 발행 2025년 11월 28일

감수 이마이즈미 다다아키
그림 시모마 아야에, 가와무라 후유미, 도쿠나가 아키코
옮김 이선희
한국어판 감수 이정모

펴낸이 최순영
교양 학습 팀장 김솔미
편집 이요선, 연혜진
키즈 디자인 팀장 이수현
디자인 양×호랭 DESIGN

펴낸곳 ㈜위즈덤하우스 **출판등록** 2000년 5월 23일 제13-1071호
주소 서울특별시 마포구 양화로 19 합정오피스빌딩 17층 **전화** 02) 2179-5600
홈페이지 www.wisdomhouse.co.kr **전자우편** kids@wisdomhouse.co.kr

ISBN 979-11-7171-535-0 73490

OMOSHIROI! SHINKANO FUSHIGI ZANNENNA ISKIMONO
Copyright ⓒ 2016 Tadaaki Imaizumi
Illustration Copyright ⓒ 2016 Ayae Shimoma All rights reserved.
No part of this book may be used or reproduced in any manner whatsoever without written permission except in the case of brief quotations embodied in critical articles and reviews.
Originally published in Japan in 2016 by TAKAHASHI SHOTEN Co., Ltd.
Korean Translation Copyright ⓒ 2025 by WISDOM HOUSE, INC.
Korean edition is published by arrangement with TAKAHASHI SHOTEN Co., Ltd.
through BC Agency.

- 이 책의 한국어판 저작권은 BC 에이전시를 통해 저작권사와 독점 계약을 맺은 ㈜위즈덤하우스에 있습니다.
- 저작권법에 의해 한국 내에서 보호를 받는 저작물이므로 무단 전재와 복제를 금합니다.
- 인쇄·제작 및 유통상의 파본 도서는 구입하신 서점에서 바꿔드립니다.
- 책값은 뒤표지에 있습니다.
- 이 책의 사용 연령은 8~13세입니다.